1. Auflage 2016
© Elisabeth Sandmann Verlag GmbH, München
ISBN 978-3-945543-13-9
Alle Rechte vorbehalten

Gestaltung: Teresa Lehmann und Anna Schlecker
Lithografie: Jan Russok
Herstellung: Peter Karg-Cordes
Druck & Bindung: GGP Media GmbH, Pößneck

Besuchen Sie uns im Internet unter www.esverlag.de

Antonia Meiners, geboren im Bamberg, aufgewachsen in München und Berlin. Nach ihrem Studium der Kulturwissenschaft an der Humboldt-Universität und später der Germanistik an der Freien Universität Berlin begann sie ihre freiberufliche Tätigkeit als Lektorin, Herausgeberin und Autorin. Dabei widmet sie sich hauptsächlich historischen und kulturpolitischen Themen. Im Elisabeth Sandmann Verlag sind von ihr erschienen: »Kluge Mädchen« (2006), »Kluge Geschäftsfrauen« (gemeinsam mit Claudia Lanfranconi; 2010), »Wir haben wieder aufgebaut« (2011) und »Die Stunde der Frauen – zwischen Monarchie, Weltkrieg und Wahlrecht 1913–1919« (2013).

DIE SUFFRAGETTEN

Antonia Meiners (Hrsg.)

Sie wollten wählen – und wurden ausgelacht

ELISABETH
SANDMANN

Inhalt

Auftritt der Frauen

Vorwort
von Antonia Meiners 6

Olympe de Gouges *(1748–1793)* 20
Mary Wollstonecraft *(1759–1797)* 26
Elizabeth Cady Stanton *(1815–1902)* und
Susan Brownell Anthony *(1820–1906)* 32
Victoria Woodhull *(1838–1927)* 42

Frauen der ersten Stunde

Jane Addams *(1860–1935)* 50
Millicent Garrett Fawcett *(1847–1929)* 56
Helene Lange *(1848–1930)* 60
Gertrud Bäumer *(1873–1954)* 66
Marianne Hainisch *(1839–1936)* 70
Rosa Mayreder *(1858–1938)* 76

Die Sozialistinnen

Gertrude Guillaume-Schack *(1845–1903)* — 86
Clara Zetkin *(1857–1933)* — 92
Rosa Luxemburg *(1871–1919)* — 100
Ottilie Baader *(1847–1925)* — 106
Lily Braun *(1865–1916)* — 114
Luise Zietz *(1865–1922)* — 118
Alexandra Kollontai *(1872–1952)* — 122

Die Radikalen

Hedwig Dohm *(1831–1919)* — 136
Helene Stöcker *(1869–1943)* — 140
Anita Augspurg *(1857–1943)* und
Lida Gustava Heymann *(1868–1943)* — 146
Emmeline Pankhurst *(1858–1928)* — 150
Christabel Pankhurst *(1880–1958)* und
Sylvia Pankhurst *(1882–1960)* — 160
Emily Wilding Davison *(1872–1913)* — 166

Einführung des Frauenwahlrechts,
Chronologie — 172
Quellen, Literatur, Bildnachweis — 174

Auftritt der Frauen
Antonia MEINERS

Als ich kürzlich meiner erwachsenen Tochter von meiner Arbeit an dem Buch über die Suffragetten erzählte, hörte ich erstaunlicherweise von ihr den Satz: »Oh, das ist gut, denn das ist doch alles vergessen, von diesen alten Geschichten redet doch heute keiner mehr.«

Ich war überrascht, denn angesichts der allgegenwärtigen Gender-Diskussion und der Auseinandersetzung um die Frauenquote hatte ich gerade das nicht erwartet. Sollte für die jungen Frauen die Frauenbewegung des vergangenen Jahrhunderts tatsächlich keine Rolle mehr spielen? Für die jungen Frauen, die ein Studium als selbstverständlich hinnehmen und selbstredend ihren Anspruch auf eine berufliche Karriere in den Medien, in der Wirtschaft, Kultur oder im Bildungsbereich formulieren? Was heißt es, dass sie zum Beispiel die apodiktische Haltung, in der eine Alice Schwarzer noch heute ihre Kritik an männlicher Überheblichkeit und an Machtgelüsten äußert, mittlerweile belächeln? In historischer Perspektive stellt sich jedenfalls die Frage, ob die Frauenbewegung ohne die in äußerster Entschlossenheit vorgebrachten Forderungen Gehör gefunden und Wirkung erzielt hätte. Würden die jungen Frauen ohne die Beharrlichkeit und Radikalität der Aktivistinnen von einst heute all die Selbstverständlichkeiten in Anspruch nehmen können?

Seit ihrem Entstehen im 19. Jahrhundert hat die Frauenbewegung sich darüber auseinandergesetzt, welcher Mittel es bei der Durchsetzung ihrer Forderungen bedarf, und in den unterschiedlichen Meinungen darüber auch Spaltungen der Bewegung in Kauf genommen. Eine Kontroverse, die die Entwicklung der Frauenbewegung mehr als ein Jahrhundert geprägt hat. Dieses Buch will einen Einblick geben in eine äußerst spannende Phase der historischen Frauenbewegung. Viele beeindruckende Protagonistinnen werden vorgestellt und Entwicklungen erläutert. Es ist nicht das Anliegen, einen vollständigen Überblick zu bieten; dies würde diesen Rahmen bei Weitem sprengen. Wenn es aber das Interesse weckt an den Schicksalen politisch aktiver Frauen und den Motiven ihres Engagements, von dem sich die Frauen auch heute noch mitreißen lassen können, dann wäre das Projekt dieses Buches gelungen.

Die Forderungen

Die Entstehung der Frauenbewegung im westlichen Europa sowie in den USA war geknüpft an die Industrialisierung und die damit verbundenen gesellschaftlichen Veränderungen. Mit dem Anwachsen des Industrieproletariats und der bürgerlichen Klasse galt die Familie als unumstößliche Grundfeste der Gesellschaft. Fest zementiert darin war die Rolle der Frau als Ehefrau und Mutter, und jede Art von Erziehung der Mädchen war auf diese Rolle ausgerichtet. Die Abhängigkeit vom Vater oder Ehemann sowohl in finanziellen als auch in rechtlichen Belangen wurde nicht infrage gestellt. Ohne den Mann an ihrer Seite war die Frau gleichsam ein Nichts. Per Gesetz waren Frauen dem Mann gegenüber zum Gehorsam verpflichtet, weder über ihre Kinder noch über ihr – auch eigenes – Vermögen besaßen sie Verfügungsgewalt. Politisches Mitspracherecht war vor diesem Hintergrund völlig undenkbar, und als Ende des 18. Jahrhunderts die ersten Frauen gegen die Diskriminierung des weiblichen Geschlechts öffentlich auftraten, wurden sie wie die Französin Olympe de Gouges nach der Revolution von 1789 mit dem Tode bestraft oder wie später Louise Aston, »die deutsche George Sand«, in den Revolutionszeiten von 1848 des Landes verwiesen.

Emmeline Pankhurst, 1908

Die einzig gesellschaftlich akzeptierte Tätigkeit der Frauen aus der Ober- und Mittelschicht außerhalb des Hauses war ehrenamtliche, wohltätige Fürsorge. Als sich in der zweiten Hälfte des 19. Jahrhunderts die bürgerliche Frauenbewegung der westlichen Länder dann in zahlreichen Frauenvereinen organisierte, widmeten sie sich zunächst auch karitativen Aufgaben, gründeten soziale Einrichtungen und Hilfsorganisationen, um das herrschende Elend unter den Arbeiterinnen und mittellosen alleinstehenden bürgerlichen Geschlechtsgenossinnen zu mildern. Dabei erkannten sie schon bald, dass es politischer Mitsprache bedarf, wollten sie grundsätzlich etwas ändern. Dafür musste den Frauen ein anderer Stellenwert in der Gesellschaft zuerkannt werden.

Die Ziele, für die sich all die Frauenbewegungen in den westlichen Ländern engagierten, unterschieden sich im Wesentlichen kaum. Aufgrund divergierender politischer und ökonomischer Entwicklungen wichen lediglich die Zeiträume voneinander ab, in denen die Frauen damit an die Öffentlichkeit traten. Vergleichbar waren auch Auseinandersetzungen über den Stellenwert der einzelnen Forderungen und das Wie ihrer Durchsetzung. Das Gros der bürgerlichen Frauenbewegung verfolgte dabei einen gemäßigten Kurs. Über öffentliche Hinweise auf

Christabel Pankhurst,
1908

Missstände in der Gesellschaft in ihren Publikationen, Eingaben an die staatlichen Organe oder Kontakte zu den führenden Parteien und ihre Abgeordneten hofften sie auf die Unterstützung durch die Politik. Solchermaßen zustande kommende, mäßigen Erfolge, zum Beispiel in der Lehrerinnenausbildung, genügten aber den Frauen nicht, Sie wollten unter anderem mehr und bessere berufliche Perspektiven für Frauen; auch sie sollten studieren können, um eines Tages Ärztin, Rechtsanwältin oder Naturwissenschaftlerin zu sein. Und einige der Frauen fassten sich hier nicht mehr in Geduld. Sie forderten ein Mitspracherecht in der Gesellschaft, das sie nicht in die ferne Zukunft vertagen wollten. Ihre Methoden wurden radikaler; offen wandten sie sich gegen die männliche Vorherrschaft, und gerade in der Frage des Wahlrechts wollten sie sich auf keine Kompromisse einlassen. Der Dissens dieser linken Gruppierungen zu den meisten bürgerlichen Frauenverbänden war somit unvermeidlich.

Eine weitere große Strömung der Frauenbewegung gab es im Schatten der sozialistischen Parteien. Auch die Sozialistinnen kämpften für die Gleichstellung, sahen aber eine Lösung der Frauenfrage nicht im Kampf gegen die männliche Vorherrschaft, sondern im Kampf gegen den Kapitalismus. Im Sozialismus, so ihre Überzeugung, würden alle Menschen gleich sein. Und dennoch: Trotz Spaltung und Zerstrittenheit hatten sie alle zum Ziel, die Lebenssituation der Frauen zu verbessern. **Die folgenden Forderungen vereinte alle Strömungen der Frauenbewegung:**

Recht der Frauen auf Erwerbstätigkeit. Einerseits sollte damit den alleinstehenden und vermögenslosen bürgerlichen Frauen die Möglichkeit gegeben werden, ihren Lebensunterhalt selbst zu verdienen, andererseits gab es immer mehr Frauen, die mit ihrem auf das Haus beschränktem Dasein unzufrieden waren. Sie strebten danach, ihre Vision anderer Lebensformen verwirklichen zu können, in denen ihre bislang unterdrückten Talente und Begabungen zum Tragen kommen würden.

Verbesserung der Mädchenbildung. Das setzte zunächst eine umfassende Lehrerinnenausbildung voraus, die noch lange Jahre für die Frauen die einzige Möglichkeit einer qualifizierten Ausbildung bot. Lange wurde Mädchen und jungen Frauen der Zugang zu höheren Schulen und zu Universitäten verweigert. Die ersten Frauen, die sich darüber im 19. Jahrhundert hinwegsetzten, wurden nicht nur von den männlichen Kommilitonen verspottet oder sogar aus den Universitätsgebäuden vertrieben, sondern auch von einem Großteil der Professoren diskriminiert, die ihnen den Zutritt zu Seminaren und Vorlesungen untersagten.

Gleichstellung von Frauen und Männern vor dem Gesetz. Hier ging es zunächst von der Reform des ehelichen Güterrechts über das Scheidungsrecht – generell erhielten zum Beispiel nach einer Scheidung die Väter das Sorgerecht für die Kinder – bis zur Verbesserung der Rechtsstellung unehelicher Kinder und lediger Mütter. Eine wesentliche Forderung betraf auch die Gleichstellung der Arbeiterinnen, denn die Verarmung des Proletariats zwang immer mehr Frauen zur Arbeit in den Fabriken, wo sie für einen zehn- bis vierzehnstündigen Arbeitstag durchschnittlich weniger als 65 Prozent des Lohns ihrer männlichen Kollegen erhielten. Unterdrückt von Arbeitgeber und Ehemann waren gerade sie einer doppelten Ausbeutung unterworfen. Sowohl bürgerliche als auch sozialistische Frauenvereine nahmen sich dieses Themas an.

Bekämpfung bürgerlicher Doppelmoral. Mit der Industrialisierung, der Expansion der Großstädte und der Verelendung des Proletariats ging ein erschreckender Anstieg der Prostitution einher, so wuchs die Zahl der Prostituierten in Berlin im Jahr 1871 von 15 000 auf 50 000 zum Ende des Jahrhunderts. Versuchten die Konservativen unter der bürgerlichen Frauenbewegung durch karitative Einrichtungen die Mädchen und Frauen wieder auf den »Pfad der Tugend« zu bringen, wandten sich die radikalen Fraktionen vor allem gegen die vorherrschende Doppelmoral in der Gesellschaft. Vom Staat wurden die Prostituierten kriminalisiert und waren völlig rechtlos der Willkür der sogenannten Sittenpolizei ausgeliefert. Den Freiern hingegen gestand man zu, ihre Triebe vor oder auch während der Ehe auf diese Art ausleben zu können. In diesem Zusammenhang kritisierten die Frauen zugleich die bürgerliche Ehe als eine »Geschäftsbeziehung« und »Zwangsehe« und forderten das freie Zusammenleben sich liebender, gleichberechtigter Partner, Aktivistinnen wie Helene Stöcker setzten sich gar für mehr Aufklärung über Verhütungsmittel sowie die Abschaffung des Abtreibungsparagrafen ein.

Politisches Mitspracherecht. Nur mit der Durchsetzung des Rechts auf politische Mitbestimmung schien es möglich, Einfluss

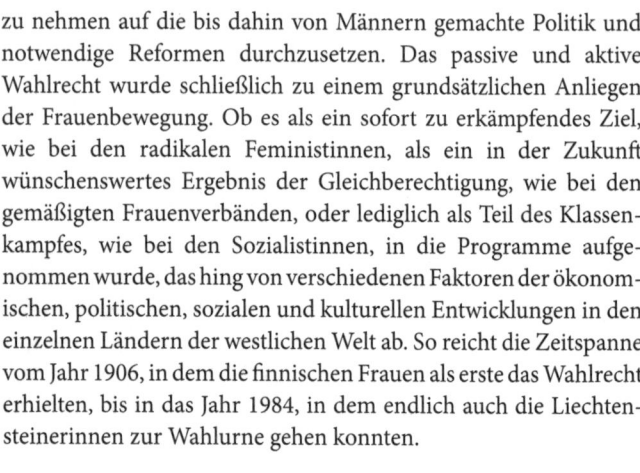

zu nehmen auf die bis dahin von Männern gemachte Politik und notwendige Reformen durchzusetzen. Das passive und aktive Wahlrecht wurde schließlich zu einem grundsätzlichen Anliegen der Frauenbewegung. Ob es als ein sofort zu erkämpfendes Ziel, wie bei den radikalen Feministinnen, als ein in der Zukunft wünschenswertes Ergebnis der Gleichberechtigung, wie bei den gemäßigten Frauenverbänden, oder lediglich als Teil des Klassenkampfes, wie bei den Sozialistinnen, in die Programme aufgenommen wurde, das hing von verschiedenen Faktoren der ökonomischen, politischen, sozialen und kulturellen Entwicklungen in den einzelnen Ländern der westlichen Welt ab. So reicht die Zeitspanne vom Jahr 1906, in dem die finnischen Frauen als erste das Wahlrecht erhielten, bis in das Jahr 1984, in dem endlich auch die Liechtensteinerinnen zur Wahlurne gehen konnten.

Das Ziel

»*Sub* und *frango* heißt buchstäblich: ich zerbreche. *Suffragists* und *Suffragettes* wären also im Grunde Zerbrecher. In *Suffragette* erhält das Wort durch die Endsilbe, die eine Verkleinerung bedeutet, etwas Spöttisch-Verächtliches. Das war auch beabsichtigt. […] Es sind ja nur Frauen, und die können ja von der Gewalt nichts erhoffen.«

Diese Worterklärung steht am Anfang des 1912 in Deutschland erschienenen Buches »Die Suffragettes«. Die Autorin Käthe Schirmacher (1865–1930) gehörte zu den Radikalen der bürgerlichen Frauenbewegung in Deutschland und 1904 zu den Gründerinnen des *Weltbundes für Frauenstimmrecht*. In ihrem Buch stellt sie die Frage nach der Berechtigung von Gewalt, mit der die damals weltweit populären Wahlrechtskämpferinnen ihrer Wahlrechtsforderung Nachdruck verliehen:

»Warum denn aber überhaupt Gewalt brauchen? Lässt sich das Frauenstimmrecht in Großbritannien denn nicht gütlich durchsetzen? Nein, das ist nicht möglich. Seit 1866 und länger wirkt die englische Frauenstimmrechtsbewegung mit friedlichen, weiblichen Mitteln (*constitutional, ladylike methods*). Sie kam dadurch zu einem völligen Stillstand, auf den toten Punkt. Den toten Punkt überwanden […] die Suffragettes durch gewaltsame, ›unweibliche‹ Methoden.«

Mit der Gründung unter den Punkhurst-Frauen im Jahr 1903 hatte sich die britische *Woman's Social and Political Union* (WSPU) von den ergebnislosen Ladylike-Methoden der *National Union of Woman's Suffrage Societies* (NUWSS) verabschiedet und begonnen, die Öffentlichkeit nicht nur mit offensiveren Mitteln auf die Wahlrechtsforderungen der Frauen aufmerksam zu machen, sondern auch mit ihren Aktionen die Regierung zu attackieren. Diese reagierte mit aller Härte, ließ die Frauen verhaften und beantwortete deren Hungerstreik in den Gefängnissen mit folterähnlicher Zwangsernährung, die viele Frauen mit ihrer Gesundheit, einige sogar mit dem Leben bezahlten. Zugeständnisse in Sachen Wahlrecht machte die Regierung keine. Die Folge war eine weitere, wohl kaum vorauszusehende Eskalation der Gewalt, die erst mit dem Ausbruch des Ersten Weltkrieges zum Stillstand kam. Die »Equal Franchise Bill«, das allgemeine gleiche Wahlrecht, erhielten die Frauen Großbritanniens endlich 1928, nachdem 1918 – sozusagen als Dank für ihren Einsatz an der Heimatfront – zunächst den Frauen über dreißig das Wahlrecht gegeben worden war.

Emmeline Pankhurst wird verhaftet, 1908

Die Unterstützung ihrer Regierung bei der Bewältigung wirtschaftlicher und sozialer Aufgaben während des Krieges durch die Frauenbewegungen führte schließlich auch bei den politischen Parteien der USA zu mehr Anerkennung weiblicher Fähigkeiten und 1920 zu einer positiven Haltung gegenüber ihrer jahrzehntealten Wahlrechtsforderung.

Auch in Europa kam es nach der Katastrophe des Ersten Weltkriegs und den darauffolgenden gewaltigen politischen Veränderungen in mehreren Ländern zur Einführung des allgemeinen Wahlrechts. In Russland hatten es die Bolschewiken schon nach der Oktoberrevolution von 1917 angeordnet und in Österreich sowie Deutschland verkündeten wenige Wochen nach Beginn der Novemberrevolution die von den Sozialdemokraten eingesetzten Räte das gleiche, geheime, direkte, allgemeine Wahlrecht für alle mindestens zwanzig Jahre alten männlichen und weiblichen Personen.

Nach der Erteilung des Wahlrechts sahen die radikalen Feministinnen wie Anita Augspurg und Lida Gustava Heymann jetzt endlich die Chance für eine vereinte, starke Frauenbewegung. In Vorbereitung auf die Nationalratswahlen im Januar 1919 – die ersten Wahlen, zu denen die Frauen in Deutschland aufgerufen waren – schlugen sie vor, dass die Frauen gemeinsam, ohne Bindung an die männerdominierten politischen Parteien kandidieren sollten. Wäre dies gelungen, hätten die Frauen zu einer nicht mehr zu übergehenden parlamentarischen Kraft werden und einen größeren Einfluss auf die Gesetzgebung ausüben können. Doch die unterschiedlichen Ansichten innerhalb der Frauen-

Emmeline Pethick
Lawrence verlässt das
Frauengefängnis
Holloway, 1908

bewegung bildeten nach wie vor ein unüberwindbares Hindernis. Zu kontrovers waren die Ziele der Sozialistinnen und Bürgerlichen auch noch nach Krieg und Revolution. Der Appell von Augspurg und Heymann, das für alle Frauen gültige Interesse einer gesellschaftlichen und privaten Gleichstellung von Mann und Frau in den Vordergrund zu rücken, verhallte so ungehört.

Die Kluft zwischen der bürgerlichen Frauenbewegung und den Organisationen der Frauen aus der Arbeiterklasse war generell ein Merkmal der sogenannten ersten Welle der Frauenbewegung an der Wende zum 20. Jahrhundert. Selbst in den Ländern Skandinaviens, wo die Frauen mit ihren Forderungen nach dem Wahlrecht schon viel früher erfolgreich waren; Vorreiter war hier 1906 Finnland, 1913 folgten Norwegen und 1915 Island als auch Dänemark. In diesen Ländern hatte die die Frauenbewegung eine viel breitere Basis, was zum einen daran lag, dass sich der noch agrarwirtschaftlich geprägte Arbeitsalltag vieler Frauen nicht so sehr von dem der Männer unterschied und sie daher mit größerer Selbstverständlichkeit ihre Rechte einforderten. Andererseits spielte in einer Zeit, in der die skandinavischen Länder ihre Unabhängigkeit einforderten, der Nationalismus eine große Rolle. Er bündelte alle politischen Kräfte, auch die der Frauen.

Lange Jahre vergeblich mussten hingegen die Frauen Frankreichs und Italiens für ihre Rechte kämpfen. In Italien wurde die Frauenbewegung, die 1919 immerhin die Abschaffung der Vormundschaft des Ehemannes erreicht hatte, mit Beginn der faschistischen Diktatur unter Benito Mussolini zu einem die Mutterschaft heroisierenden Verein degradiert. Erst mit Beginn der Resistenza, des Widerstands im Zweiten Weltkrieg, und der Niederlage des Faschismus änderte sich die Lage der Italienerinnen. Am 2. Juni 1946 konnten sie zum ersten Mal wählen – mit 89,1 Prozent Wahlbeteiligung setzten sie gleichsam ein Fanal des Anspruchs auf gesellschaftliche und politische Mitgestaltung. Über mehr als ein Jahrhundert mussten die Französinnen für das Recht auf politische Mitbestimmung kämpfen. In dem Land, das schon 1789 »Freiheit, Gleichheit, Brüderlichkeit« forderte, wurden die Frauen bis 1944 von allen Mächtigen der Politik auf ihre Rolle als Frau und Mutter reduziert. Gleichheit? – nicht für die Schwestern. Das bekam schon Olympe de Gouges zu spüren, die unter der Guillotine der Jakobiner endete, und auch die Kämpferinnen der Pariser Kommune 1870 durften zwar auf die Barrikaden, aber nicht mitreden in den revolutionären Gremien. Napoleon hatte im *code civil* die Rechtlosigkeit der Frauen festgeschrieben – und daran hielten sich die französischen Männer gegen jeden Protest der Frauenbewegung. Erst nach dem mutigen Kampf der Französinnen in der Résistance während des Zweiten Weltkriegs war man in Frankreich trotz noch immer vorherrschender Ressentiments bereit für die Einführung des Frauenwahlrechts.

Wahlrecht und Gleichberechtigung vor dem Gesetz – das waren fundamentale Forderungen, wofür Tausende Frauen einst kämpften, einige sogar ihr Leben ließen. Doch die Gewährung dieser grundlegenden Rechte garantiert längst nicht die Eliminierung männlicher Vorurteile gegenüber Frauen. Manchmal versteckt, oft genug aber auch offen geäußert. Sichtbar wurde das zum Beispiel in der Schweiz und in Liechtenstein, denn dort entschieden nicht die Regierungen über das Wahlrecht für Frauen, sondern auf dem Weg der Volksbefragung alle Männer des Landes unmittelbar. In der Schweiz, wo der Bundesrat in den 1950er Jahren die Gleichberechtigung zum Zwecke einer Militärpflicht auch für Frauen vorantreiben wollte, scheiterte die Vorlage ein erstes Mal 1959. Es dauerte noch über ein Jahrzehnt, bis die Schweizerinnen dann endlich 1971 wählen durften. Auch in Liechtenstein gingen mehrere Volksentscheide zum Nachteil der Frauen aus, und erst als diese mit einer Beschwerde bei der EU drohten, stimmte 1984 endlich auch die Mehrheit der Liechtensteiner Männer für das Wahlrecht ihrer Frauen.

In den westlichen Demokratien sind Frauenwahlrecht und Gleichberechtigung der Geschlechter heute gesetzlich verankert. Sind sie deshalb auch kein Thema mehr? Garantiert uns das Wahlrecht auch politische Mitsprache? Und garantiert die Gleichberechtigung auch Gleichbehandlung? Noch immer verdienen Frauen durchschnittlich zwölf Prozent weniger als Männer mit der derselben Qualifikation auf dem gleichen Arbeitsplatz, noch immer ist die Frauenquote ein Thema, wenn es um leitende Positionen in Politik und Wirtschaft geht, und noch immer sind es meist die Frauen, die der Doppelbelastung von Beruf und Haushalt ausgesetzt sind.

Weder findet sich in der noch immer vorhandenen unterschiedlichen Bezahlung die verfassungsgemäße Feststellung der Gleichberechtigung von Männern und Frauen verwirklicht noch in der Beteiligung an politischen und wirtschaftlichen Entscheidungsprozessen – obwohl der Anteil von Frauen unter den Studierenden stetig zunimmt.

Die Bearbeitung weiterhin vielfach bestehender Ressentiments unter Männern gegenüber Frauen bleibt eine wichtige gesellschaftspolitische Aufgabe, die auch heute vielleicht nicht ganz ohne Radikalität im Sinne des Wortes auskommt: die Übel bei der Wurzel zu packen.

Olympe de Gouges
Mary Wollstonecraft
Elizabeth Cady Stanton und
Susan Brownell Anthony
Victoria Woodhull

Frauen der ERSTEN Stunde

Jane Addams
Millicent Garrett Fawcett
Helene Lange
Gertrud Bäumer
Marianne Hainisch
Rosa Mayreder

Mutige Frauen, die sich allen Schwierigkeiten zum Trotz in der Männerwelt durchsetzten und ein Leben nach ihren eigenen Vorstellungen lebten, gab es zu jeder Zeit. Doch waren es immer nur Einzelne, die über so viel Kraft und auch die Möglichkeiten verfügten, sich gegen alle Konventionen zur Wehr zu setzen. Im 19. Jahrhundert aber änderte sich etwas in Europa und den USA. Mitte des Jahrhunderts begannen sich die Frauen zu formieren, schlossen sich zu Gruppen zusammen, gründeten Verbände und traten mit ihrer Forderung nach Gleichberechtigung in Gesellschaft und Politik an die Öffentlichkeit.

Eine ihrer Vorkämpferinnen war die Theaterautorin und Schriftstellerin **Olympe de Gouges** (1748–1793). Im August 1791 veröffentlichte sie in Paris die »Déclaration des droits de la Femme et de la Citoyenne« (Erklärung der Rechte der Frau und Bürgerin). Zum ersten Mal wurden in dieser Schrift Männer und Frauen rechtlich auf eine Stufe gestellt – eine universale Erklärung der Menschenrechte, die sie schließlich zu einem grundlegenden Dokument des Feminismus machte. Olympe de Gouges reagierte damit auf die republikanische Verfassung, in der die Rechtsgleichheit aller Männer festgeschrieben wurde. Ausgeschlossen davon blieb das weibliche Geschlecht, denn die Männer, die sich in der Revolution gerade noch die Gleichheit aller Menschen auf die Fahnen geschrieben hatten, wollten sich in ihren Privilegien von Frauen keineswegs beschneiden lassen.

Etwa zur gleichen Zeit machte in London die eigenwillige und selbstbewusste Schriftstellerin und Philosophin **Mary Wollstonecraft** (1759–1797) mit ihrer 1792 veröffentlichten Schrift »A Vindication of the Rights of a Woman« (Verteidigung der Rechte der Frauen) von sich reden und löste damit in England eine heftige Kontroverse über die Frauenemanzipation aus. Beseelt von dem Wunsch, Mitgestalterin einer Gesellschaft zu sein, in der alle Menschen gleich sind, reiste sie 1793 ins revolutionäre Frankreich. Doch Paris wurde bereits vom *Grande Terreur* der Jakobiner beherrscht, dem im selben Jahr Olympe de Gouges zum Opfer fiel. Enttäuscht kehrte Mary Wollstonecraft 1795 zurück nach London; zwei Jahre darauf starb sie bei der Geburt eines Kindes. 1825 erschien in England unter dem Titel »Protest der einen Hälfte der Menschheit, Frauen, gegen die Anmaßung der anderen Hälfte, Männer, sie in politischer und damit in bürgerlicher und häuslicher Sklaverei zu halten« eine grundsätzliche Analyse über die Rolle der Frau. Zu den Autoren, die sich als Nachfahren der Kritikerin Mary Wollstonecraft verstanden, gehörte der junge Philosoph John Stuart Mill, der damit auf einen Artikel seines Vaters, des Theologen und Erziehungswissenschaftlers James Mill, reagierte. Dieser hatte darin unter anderem die Verweigerung der bürgerlichen Rechte für Frauen damit begründet, dass ihre Interessen von Vätern und Ehemännern vertreten würden.

John Stuart Mill und die Autorin **Harriet Taylor** (1807–1858), die seit 1830 eine enge Freundschaft verband, wurden in den folgenden Jahrzehnten zur treibenden Kraft der britischen Emanzipationsbewegung. In Harriet Taylor traf Mill eine politisch Gleichgesinnte, die sich wie er für die Stärkung der Stellung der Frauen in der Gesellschaft engagierte. Gemeinsam publizierten sie ökonomische, philosophische und feministische Texte, über die sie in einem Kreis Gleichgesinnter diskutierten. Als Harriet Taylor Mill 1858 im Alter von 51 Jahren überraschend starb, setzten Stuart Mill und Harriets Tochter Helen ihren Kampf gegen die Entrechtung der Frauen in Ehe und Gesellschaft sowie für einen freien Zugang zu Bildung und Arbeitsmarkt gemeinsam fort. In den Sechzigerjahren des 19. Jahrhunderts traten Forderungen nach dem Frauenwahlrecht in den Vordergrund; in zahlreichen Städten bildeten sich Wahlrechtsvereine. Helen Taylor gründete die *Gesellschaft für die Ausdehnung des Wahlrechts auf Frauen*, und Mill ließ sich 1865 ins Unterhaus wählen, mit dem Ziel, die Sache der Frauen im Parlament zur Sprache zu bringen. Allerdings erhielt er nur von wenigen Abgeordneten Unterstützung, so von Henry Fawcett, dem Mann der Frauenrechtlerin **Millicent Garrett Fawcett** (1847–1929). Bei der Mehrheit der Unterhaus-Abgeordneten löste Mills Vorstoß Empörung und Spott aus, und bei der Wahlrechtsreform von 1867 ignorierte man die Frauen weiterhin. Für die englische Frauenbewegung war dies eine Kampfansage. In den nächsten Jahrzehnten ließen ihre Aktivistinnen nicht nach, das ihnen zustehende Wahlrecht einzufordern.

Etwa zur gleichen Zeit schlossen sich auch die Amerikanerinnen zu Wahlrechtsbündnissen zusammen. Ihren Ursprung hatte die Wahlrechtsbewegung der USA im Kampf gegen die Sklaverei, der von Männern und Frauen gemeinsam geführt wurde und seinen Höhepunkt im

Annie Kenney und Christabel Pankhurst, 1908

17

Amerikanischen Bürgerkrieg 1861 bis 1865 hatte. Die Frauen verbanden diesen Kampf zugleich mit dem Aufbegehren gegen das Dasein ihrer Geschlechtsgenossinnen als »Haussklavin«, doch schon 1848 hatten **Lucretia Mott** (1793–1880) und **Elizabeth Cady Stanton** (1815–1902) in Seneca Falls, New York, einen Kongress organisiert, auf dem erstmals nur die Diskriminierung der Frau auf der Tagesordnung stand. Dieses Treffen der Frauen gilt als die Geburtsstunde der organisierten amerikanischen Frauenbewegung. Groß war die Enttäuschung, als nach dem Ende des Bürgerkriegs 1865 und der damit verbundenen Sklavenbefreiung nun auch ddie befreiten, männlichen Sklaven das Wahlrecht erhielten – nicht aber die Frauen. Im Mai 1890 erfolgte die Fusionierung der beiden großen seit 1869 bestehenden Wahlrechtsverbände: der von Susan B. Anthony (1820–1906) und Elizabeth Cady Stanton gegründeten *National Woman Suffrage Association* (NWSA) und der *American Woman Suffrage Association* (AWSA) zur *National American Woman Suffrage Association* (NAWSA). Anfang des 20. Jahrhunderts verlor die Bewegung in den USA dennoch an politischer Schlagkraft – nicht zuletzt, weil angesichts der international angespannten Lage vor dem Ersten Weltkrieg mit **Jane Addams** (1860–1935) die Friedenspolitik der Frauen ins Zentrum gerückt war.

Anders als in den USA und Großbritannien spielte die Forderung nach dem allgemeinen Wahlrecht in der organisierten deutschen Frauenbewegung lange eine untergeordnete Rolle. Themen der beiden bedeutenden Frauenorganisationen – der 1865 von **Louise Otto-Peters** (1819–1895) gegründete *Allgemeine Deutsche Frauenverein* (ADF) und der 1890 von **Helene Lange** (1848–1930) gebildete *Allgemeine Deutsche Lehrerinnen-Verein* – waren das Recht der Frauen auf Bildung und uneingeschränkte Erwerbstätigkeit sowie »Sittlichkeitsfragen«. Hier ging es vor allem

Anna Howard Shaw, Vertraute und Weggefährtin Susan B. Anthonys

um die Stellung lediger Mütter, die Rechtlosigkeit der Prostituierten, aber auch um Empfängnisverhütung oder die Aufhebung des Paragrafen 218 – wobei es dazu durchaus konträre Auffassungen gab. Unterschiedliche Haltungen gegenüber einer »neuen Ethik«, der Berufstätigkeit von Frauen und dem Wahlrecht führten in den Neunzigerjahren des 19. Jahrhunderts zur Flügelbildungen innerhalb der bürgerlichen Frauenbewegung. Zunächst noch einte sie alle der 1894 gegründete *Bund Deutscher Frauenvereine* (BDF) als Dachverband der bürgerlichen Frauenbewegung. Im Juni 1904 rief der Bund unter seiner Vorsitzenden, der als Schauspielerin bekannt gewordenen **Marie Stritt** (1855–1928), den ersten *Internationalen Frauen-Kongress* in Berlin ins Leben. Doch schon 1910 waren die Lager so zerstritten, dass Marie Stritt von **Gertrud Bäumer** (1873–1954) abgelöst wurde. Die sogenannten »Radikal-Feministinnen« waren jedoch nicht bereit, sich der gemäßigten Politik Bäumers unterzuordnen. Sie ließen nicht nach, vehement das Stimmrecht vom Deutschen Reichstag einzufordern.

Titelseite der Illustrirten Zeitung vom 20. September 1896 zum Internationalen Frauenkongress in Berlin.

Eine ähnliche Entwicklung wie in Deutschland nahm die Frauenbewegung Österreichs, und auch hier entzündeten sich an der Frage des Frauenwahlrechts Kontroversen. Im Gegensatz zu den Sozialdemokratinnen und dem bürgerlichen *Allgemeinen Österreichischen Frauenverein* forderten die Frauen im Umkreis des *Bundes Österreichischer Frauenvereine* unter **Marianne Hainisch** (1839–1936) – zu dem auch die Malerin und Schriftstellerin **Rosa Mayreder** (1858–1938) gehörte – Anfang des 20. Jahrhunderts seine schnelle Einführung. Nicht zuletzt durch Nachrichten vom mutigen Kampf der englischen Suffragetten erfuhr diese Forderung großen Zuspruch unter Österreichs Frauen: 20 000 Demonstrantinnen stimmten am ersten *Internationalen Frauentag*, dem 19. März 1911, auf der Wiener Ringstraße das »Frauenwahlrechtslied« an.

Olympe DE GOUGES

1748-1793

Marie Gouze, die sich als Schriftstellerin Olympe de Gouges nannte, war die uneheliche Tochter der Wäscherin Anne-Olympe Moisset aus den Midi-Pyrénées in Südfrankreich, verehelicht mit dem Metzger Pierre Gouze. Marie war, was man seinerzeit einen Bastard nannte. Sie entstammte einem Verhältnis der Mutter mit dem wohlhabenden Landadligen und *Homme de Lettres* Jean-Jacques Marquis Lefranc de Pompignan, einem bekannten Gegner Voltaires. Der katholische Marquis handelte den Gesetzen und Moralvorstellungen seiner Zeit entsprechend, als er die Folgen der Liebesbeziehung ignorierte und weder Mutter noch Tochter in irgendeiner Weise unterstützte. Die Tochter hat dieses Schicksal später zu einem Briefroman verarbeitet, aber auch politische Konsequenzen daraus gezogen. In ihrer berühmtesten Schrift, der »Erklärung der Rechte der Frau und Bürgerin« aus dem Jahr 1791, plädierte sie für das Recht der Frau, den Vater ihrer unehelichen Kinder zu benennen und gerichtlich zu belangen.

Mit siebzehn Jahren wurde Marie gegen ihren Willen mit dem aus Paris stammenden Wirt Louis-Yves Aubry verheiratet, der die dadurch erlangte Mitgift zur Eröffnung einer Gastwirtschaft nutzte. Aubry starb schon bald, und die junge Witwe zog mitsamt dem Sohn Pierre nach Paris, wo bereits ihre Schwester lebte. Eine zweite Ehe ging sie zeitlebens nicht mehr ein.

Zwischen ihrer Ankunft in der Hauptstadt und ihren ersten Publikationen lagen gut fünfzehn Jahre Inkubationszeit, die ihre zwar kur-

Olympe de Gouges, undatiertes Aquarell eines anonymen Künstlers, Paris, Musée du Louvre

ze, jedoch unvergleichliche Karriere als öffentliche Figur im Frankreich kurz vor und während der Revolution vorbereitete. Wie wurde aus der provinziellen jungen Witwe die spätere *Femme de Lettres*, die sich einen klangvollen Namen zulegte und dabei auch auf das Adelsprädikat nicht verzichtete? Schönheit, gepaart mit Intelligenz, zeichnete Marie Gouze aus. Sie lebte von der Liebe, ohne sich abhängig zu machen, besuchte die Theater und fand Zugang zu den Salons, wo sie mit den Ideen der Aufklärung in Berührung kam. Schon bald fühlte sie nicht nur poetisch, sondern dachte auch politisch. Im September 1791 verabschiedete die Nationalversammlung die erste republikanische Verfassung Frankreichs. Als Grundrechtskatalog war ihr die Allgemeine Erklärung der Menschen- und Bürgerrechte von 1789 vorangestellt. Doch entgegen dem dort formulierten Gleichheitsanspruch wurde ein nach Besitzklassen gestaffeltes Männerwahlrecht beibehalten. Kurz darauf veröffentlichte Olympe de Gouges ihre Schrift »Die Rechte der Frau«. Einem Brief an die Königin Marie Antoinette schlossen sich die »Erklärung der Rechte der Frau und Bürgerin« sowie der Entwurf eines Sozialvertrags zwischen Mann und Frau an. Ein Postskriptum fordert die Frauen auf, sich unter dem Banner der Philosophie zu vereinigen und ihre Rechte geltend zu machen.

Man merkt der Publikation an, dass sie unter großem Zeitdruck geschrieben wurde. Und in der Tat war Eile geboten. Denn im Namen der Mütter, Töchter und Schwestern der Nation forderte Olympe de Gouges von der Nationalversammlung nichts weniger als eine neue Verfassung. Die gerade in Kraft getretene sei insofern illegitim und nichtig, als in ihr die weibliche Hälfte des Volkes nicht vertreten und an ihrer Ausarbeitung gar nicht beteiligt gewesen sei. Da der Souverän alle Frauen von der Volkssouveränität ausgeschlossen habe, nahm es sich Olympe de Gouges heraus, das neue Regime als »Tyrannenherrschaft« zu bezeichnen.

»Mann, bist du fähig, gerecht zu sein?«, begann ihre Vorrede: »Eine Frau stellt dir diese Frage. Dieses Recht zumindest wirst du ihr nicht nehmen können. Sag mir, wer hat dir diese selbstherrliche Macht verliehen, mein Geschlecht zu unterdrücken?« Der Mann allein maße sich an, von der Revolution zu profitieren. So aufgeblasen wie ignorant wolle er in diesem Jahrhundert der Aufklärung despotisch über ein Geschlecht herrschen, das über alle geistigen Fähigkeiten verfüge. Und Olympe de Gouges beließ es nicht dabei, dem Mann die Leviten zu lesen und an seine Fairness zu appellieren. Denn das hätte ja bedeutet, dass es letztlich in sein Belieben gestellt sei, die Rechte der Frauen anzuerkennen, als schulde man ihm noch Dankbarkeit dafür. Olympe de Gouges ging es um mehr: Sie wollte die faktische Gleichsetzung von Mensch und Mann zertrümmern, die so tat, als seien die Frauen vom Geltungsanspruch der Menschenrechte ausgenommen. Ihre »Erklärung der Rechte der Frau und Bürgerin« folgte bis in den Wortlaut hinein den siebzehn Artikeln der Allgemeinen Erklärung der Menschen- und Bürgerrechte von 1789 und nahm lediglich geringfügige, im Hinblick auf die Frauen aber wesentliche Umformulierungen und Ergänzungen vor. Wo im ursprünglichen Text von »Menschenrechten« die Rede war, sprach sie konsequent von »Frau und Mann«, was im konkreten Fall, etwa bei der Versorgung außerhalb der Ehe geborener Kinder, dann doch mehr als einen kleinen Unterschied machte. Nie ging es ihr indessen um Rechtswohltaten oder Sonderrechte für Frauen. Hieß es in Artikel 10: »Niemand darf wegen seiner Meinung, auch wenn sie grundsätzlicher Art ist, verfolgt werden«, so ergänzte sie: »Die Frau hat das Recht, das Schafott zu besteigen. Sie muss gleichermaßen das Recht haben, die Rednertribüne zu besteigen.« Stets argumentierte Olympe de Gouges auf dem Boden der Gleichberechtigung von Frau und Mann, forderte den Leser und den Gesetzgeber aber auf, endlich die Konsequenzen aus dem Faktum zu ziehen, dass der Mensch als zwei Geschlechter existiert und die Menschenrechte für Frauen genauso unveräußerlich sind wie für Männer.

> **„Die Frau hat das Recht, das Schafott zu besteigen. Sie muss gleichermaßen das Recht haben, die Rednertribüne zu besteigen."**

Ein taktischer Geniestreich war der sich an die Erklärung anschließende Entwurf für einen Gesellschaftsvertrag zwischen Mann und Frau. Er las sich wie ein gewöhnlicher zivilrechtlicher Ehevertrag, hatte jedoch den Rang eines Verfassungsbestandteils. Der Gesellschaftsvertrag führte detailliert aus, was Gleichbehandlung von Mann und Frau faktisch hieß. Hellsichtig hatte Olympe de Gouges erkannt, dass die gängige Trennung zwischen privatem und öffentlichem Recht auf einer Geschlechterordnung basierte, die die Frauen aus der öffentlichen Sphäre ausschloss und in die private Sphäre verbannte, um sie dort der Gewalt und Entscheidungsbefugnis des Mannes unterzuordnen.

Für Olympe de Gouges war klar, dass eine neue, gerechte und freiheitliche Gesellschaft nur auf dem Boden des Rechts und nicht mit Gewalt und Blutvergießen zu begründen war. Die Verurteilung Ludwigs XVI. zum Tode lehnte sie als Rechtsbruch ab, bot sich sogar an, ihn zu verteidigen, nicht zuletzt aus der Überlegung heraus, dass »dieses schuldbeladene Haupt, einmal vom Rumpfe getrennt«, keinerlei Nutzen mehr habe. In den Augen ihrer Gegner entlarvte sie sich dadurch als Royalistin, und da sie zudem gegen den Terror der Jakobiner agitierte und Robespierre persönlich angriff, waren ihre Tage bald gezählt. Das Fass zum Überlaufen brachte ein Plakatanschlag mit dem poetischen Titel »Die drei Urnen oder das Wohl des Vaterlandes, von einem Reisenden der Lüfte«, auf dem sie forderte, der Souverän, das Volk, solle doch selbst an der Urne über die Regierungsform entscheiden. Daraufhin wurde sie im Sommer 1793 angezeigt und verhaftet. Aus dem Gefängnis heraus schrieb sie eine weitere Bekanntmachung, die sich direkt an das Revolutionstribunal richtete. Es sagt viel über die Tiefe und die Ernsthaftigkeit ihres Rechtsempfindens aus, dass sie sich noch jetzt auf die Verfassung berief: »Unerschrocken, gerüstet mit den Waffen der Aufrichtigkeit, trete ich euch entgegen und verlange von euch Rechenschaft über euer grausames Treiben, das sich gegen die wahren Stützen des Vaterlandes richtet [...] Ist nicht in der Verfassung die Meinungs- und Pressefreiheit als kostbarstes Gut des Menschen verankert? Wären denn diese Gesetze und Rechte, ja die ganze Verfassung nichts weiter als hohle Phrasen, jedes Sinnes entleert? Wehe mir, ich habe diese traurige Erfahrung gemacht.« Schon kurz nach Olympe de Gouges' Hinrichtung durch die Guillotine verwies man im Ton einer Moritat auf ihr Schicksal, um aufmüpfige Republikanerinnen einzuschüchtern: »Erinnert euch an dieses schamlose Mannweib Olympe de Gouges, die Frauengesellschaften gründete, ihren Haushalt vernachlässigte, politisieren wollte und Verbrechen beging. Solche unmoralischen Wesen wurden unter dem Beil, das die Gesetze rächt, vernichtet. Wollt ihr es ihnen nachmachen?« So drohte Pierre Gaspard Chaumette, Mitglied des Revolutionstribunals. Notfalls müsse man die Frauen eben dazu zwingen, sich selbst zu achten. Nur wenige Monate später sauste auch auf seinen Kopf das Fallbeil nieder.

Ironie der Geschichte: Genau einen Tag vor Olympe des Gouges' Tod durch die Guillotine am 3. November 1793 erließ die Revolutionsregierung ein Dekret, das ausschließlich die vom Vater anerkannten Kinder für erbberechtigt erklärte und Nachforschungen, wer der Vater eines Kindes sei, untersagte – eine Bestimmung, die im vorrevolutionären Frankreich unbekannt gewesen war, ein wenig später aber in das unter Napoleon verabschiedete bürgerliche Gesetzbuch übernommen wurde und bis 1938 in Kraft blieb. Es war ein patriarchaler Schlag ins Gesicht der Frauen und der brillantesten Fürsprecherin ihrer Gleichberechtigung.

OLIMPE DE GOUGES

AU

TRIBUNAL RÉVOLUTIONNAIRE.

Mary WOLLSTONECRAFT

1759-1797

»Es ist klar, dass die Frau durch ein Zusammenwirken von Umständen schwach und erniedrigt wurde«, heißt es in Mary Wollstonecrafts »Verteidigung der Rechte der Frau« aus dem Jahr 1792. »Von ihr gilt, was von dem Volke behauptet wird: Die Masse der Menschheit muss in Unwissenheit erhalten werden, sonst würden die willfährigen Sklaven zur Erkenntnis ihrer Abhängigkeit kommen. Die Menschen beugen sich vor ihren Unterdrückern [...] Statt auf ihrem angeborenen Recht der Freiheit zu bestehen, kriechen sie im Staube und sagen, wir wollen essen und trinken, denn morgen können wir sterben. Von den Frauen gilt dasselbe. Sie erniedrigen sich aus dem gleichen Hang, den Moment zu genießen, und schließlich verachten sie eine Freiheit, die zu erringen sie nicht Kraft genug haben.«

Mary Wollstonecraft, Gemälde von John Keenan (1791–1815)

Bereits die Französin Olympe de Gouges hatte 1789 parallel zur Erklärung der Menschenrechte eine »Déclaration des droits de la Femme« verfasst und landete auf dem Schafott. Auch für Mary Wollstonecraft war die Verteidigung der Rechte der Frau Anwendung und Bewährungsprobe der Menschenrechte. Ihre aufrührerische Schrift nahm zentrale Argumente der feministischen Bewegung vorweg: Die Herabwürdigung der Frau habe ihre Wurzeln in einer Sozialisation, die nicht für die Ausbildung geistiger Fähigkeiten sorgt, sondern lediglich geschicktes Anpassungsverhalten fördert. Wohl sei die Frauenfrage eine Männerfrage (*ihre* Unterdrückung ist die Basis *seiner* Überlegenheit), aber sie bleibe doch auch eine Frauenfrage: Denn, so die Beobachtung,

„Wenn man den weiblichen Verstand schärft, indem man ihn bildet, ist Schluss mit dem blinden Gehorsam."

nur zu viele Frauen kollaborierten mit denen, die ihnen auf den ersten Blick huldigen, sie auf den zweiten aber verachten. Die Unmündigkeit der Frau sei auch selbst verschuldet; der Kult, der um die weibliche Empfindsamkeit gemacht wird, befestige die reale Abhängigkeit der Frau. So forderte Mary Wollstonecraft nicht mehr und nicht weniger als eine »Revolution der weiblichen Sitten«.

Kommentar der Herausgeberin: Aufgewachsen unter ärmlichsten Verhältnissen beschließt Mary Wollstonecraft schon früh, ein anderes, ein selbstständiges Leben zu führen. Die dafür notwendige Bildung bringt sie sich selber bei, sie spricht mehrere Sprachen und kann zunächst als Gouvernante, später dann als Lektorin sowie Übersetzerin und schließlich als Autorin ihr Geld verdienen. Ihre Schrift »Verteidigung der Rechte der Frau« macht sie in kurzer Zeit berühmt, sie wird in mehrere Sprachen übersetzt und erlebt mehrere Auflagen. In der britischen Gesellschaft allerdings erlebt Mary Wollstonecraft heftige Ablehnung, wird von dem Schriftsteller und Aufklärer Horace Walpole als »Hyäne in Unterröcken" beschimpft und von den gutsituierten Geschlechtsgenossinnen lächerlich gemacht – verweigert sie sich doch jeder Mode und jedem Prunk, liebt bequeme Kleidung und lehnt es strikt ab, sich die Taille zu schnüren.

Nach zwei unglücklichen Liebesaffären findet sie in William Godwin (1756–1836), der als Begründer des theoretischen Anarchismus gilt, einen ebenbürtigen Partner. Sie heiraten am 29. März 1797, doch schon am 10. September stirbt Mary Wollstonecraft im Alter von achtunddreißig Jahren bei der Geburt ihrer Tochter Mary. Sie wird zwanzig Jahre später als Mary Shelley mit dem Roman »Frankenstein oder Der moderne Prometheus« in die Weltliteratur eingehen.

A
VINDICATION
OF THE
RIGHTS OF WOMAN:
WITH
STRICTURES
ON
POLITICAL AND MORAL SUBJECTS.
BY MARY WOLLSTONECRAFT.

PRINTED AT BOSTON,
BY PETER EDES FOR THOMAS AND ANDREWS,
Faust's Statue, No. 45, Newbury-Street.
MDCCXCII.

Über die Zulassung der Frauen zum Bürgerrecht (1789)

von Jean Antoine de Condorcet (1743–1794)

Die Menschen können sich an die Verletzung ihrer naturgegebenen Rechte so gewöhnen, daß unter denen, die sie verloren haben, keiner daran denkt, sie zurückzufordern, und nicht glaubt, ein Unrecht erlitten zu haben.

Einige dieser Verletzungen sind sogar den Philosophen und Gesetzgebern entgangen, als sie sich mit dem größten Eifer damit befaßten, die Grundrechte der einzelnen Glieder des Menschengeschlechts zu etablieren, die sie zur alleinigen Grundlage ihrer politischen Institutionen machten.

Haben sie z. B. nicht alle das Gleichheitsprinzip der Rechte verletzt, indem sie ganz einfach die Hälfte des Menschengeschlechts des Rechts beraubten, an der Gesetzgebung teilzunehmen, indem sie die Frauen vom Bürgerrecht ausschlossen?

Gibt es einen stärkeren Beweis für die Macht der Gewohnheit selbst über aufgeklärte Menschen, als denjenigen, daß man sich auf das Gleichheitsprinzip der Rechte da beruft, wo drei oder vierhundert Männer durch ein absurdes Vorurteil dessen beraubt werden, dort jedoch schweigt, wo es sich um zwölf Millionen Frauen handelt? Um zu widerlegen, daß dieser Ausschluß ein Akt der Tyrannei ist, müßte man entweder beweisen, daß die natürlichen Rechte der Frauen nicht unbedingt die gleichen sind wie die der Männer, oder daß sie nicht fähig sind, sie auszuüben.

Die Menschenrechte leiten ihre Berechtigung jedoch allein daraus ab, daß Menschen sinnliche Wesen sind, sich moralische Ideen aneignen und mit diesen Ideen umgehen können.

Da nun die Frauen die gleichen Fähigkeiten aufweisen, haben sie notwendigerweise auch die gleichen Rechte. Entweder hat kein Glied des Menschengeschlechts wirkliche Rechte, oder sie alle haben die gleichen, und derjenige, der gegen das Recht eines anderen stimmt, mag er auch einer anderen Religion, einer anderen Hautfarbe oder dem anderen Geschlecht angehören, hat damit seine Rechte verwirkt. Es dürfte schwer sein zu beweisen, daß Frauen unfähig sind, das Bürgerrecht auszuüben. Warum sollte eine Gruppe von Menschen, weil sie schwanger werden können und sich vorübergehend unwohl fühlen, nicht Rechte ausüben, die man denjenigen niemals vorenthalten würde, die jeden Winter unter Gicht leiden und sich leicht erkälten?

Angenommen, Männer weisen eine geistige Überlegenheit auf, die nicht notwendige Folge eines Unterschieds in der Erziehung ist (was noch lange nicht bewiesen ist und was bewiesen werden müßte, um nicht die Frauen ungerechterweise eines Naturrechts zu berauben), so kann diese Überlegenheit nur in zwei Punkten bestehen: man sagt, daß keine Frau eine wichtige Entdeckung in den Wissenschaften gemacht und sich als Genie in den Künsten, in der Literatur etc. ausgewiesen habe, aber zweifellos würde man niemals vorgeben, das Bürgerrecht nur den Genies zuzugestehen. – Man sagt außerdem, daß keine Frau das gleiche Spektrum von Kenntnissen hat und die gleiche Kraft des Verstandes wie manche Männer. Aber was folgt daraus anderes, als daß mit Ausnahme einer wenig zahlreichen Gruppe von sehr begabten Männern völlige Gleichheit herrscht zwischen den Frauen und dem Rest der Männer. Und wenn man diese kleine Gruppe beiseite läßt, teilen sich Unterlegenheit und Überlegenheit gleichmäßig auf beide Geschlechter auf.

Da es nun völlig absurd wäre, das Bürgerrecht und die Fähigkeit, öffentliche Ämter zu bekleiden auf diese überlegene Klasse zu beschränken, warum sollte man nicht eher diejenigen unter den Männern, die einer großen Anzahl von Frauen unterlegen sind, statt der Frauen davon ausschließen? [...]

Werbewirksamer Auftritt der Suffragetten, um ihre Zeitschrift »Votes for Women« bekannt zu machen. London, um 1905.

Elizabeth CADY STANTON
&
Susan BROWNELL ANTHONY

1815-1902 / 1820-1906

Mit ihrem Grundsatz »Alle Menschen sind gleich geschaffen« postuliert die amerikanische Unabhängigkeitserklärung vom 4. Juli 1776 als erstes offizielles Dokument die allgemeinen Menschenrechte. Die Formulierung leitete sich aus der biblischen Schöpfungsgeschichte ab, die den Menschen nach Gottes Ebenbild erschaffen sieht, ihn jedoch von vornherein nicht mit den gleichen Rechten und Freiheiten ausstattet. So verwundert es nicht, dass die US-amerikanische Verfassung Menschenrechte zunächst nur frei geborenen, weißen Männern in vollem Umfang zugestand, nicht aber Sklaven, freien Schwarzen oder gar Frauen.

Ihre Stimme dagegen erheben wollte die aus Johnstown, New York, stammende Bürgerrechtlerin Elizabeth Cady Stanton; sie prangerte sowohl die Sklaverei als auch die Benachteiligung der Frau an. Einen ausgeprägten Sinn für Recht und Gerechtigkeit verdankte Cady Stanton ihrem Vater, einem Kongressabgeordneten und Richter am Supreme Court von New York. 1840 heiratete sie den Abolitionisten Henry Brewster Stanton, der sich als Prediger und später als Rechtsanwalt ebenfalls gegen die Sklaverei engagierte. Zusammen reisten sie zur *World Anti-Slavery Convention* nach England, wo sie das Lehrer- und Predigerehepaar James Mott (1788–1868) und Lucretia Mott (1793–1880) kennenlernten, Begründer der *American Anti-Slavery Society*. Lucretia Mott gehörte zu den wenigen weiblichen, aus den USA angereisten Delegierten der Convention, was für die Briten Grund genug war, sie von der Teilnahme auszuschließen. Fortan beschlossen die beiden Frauen,

Elizabeth Cady Stanton und Susan Brownell Anthony, 1900

sich über ihre bisher formulierte Forderung nach dem allgemeinen Wahlrecht hinaus auch speziell für die Rechte der Frauen einzusetzen.

1848 organisierten sie in Seneca Falls, New York, das erste öffentliches Frauenrechtstreffen in den Vereinigten Staaten, die *Women's Rights Convention*, auch bekannt als *Seneca Falls Convention*. Sie gilt als Geburtsstunde der Frauenrechtsbewegung in den USA. Die Frauen protestierten erstmals öffentlich für ihre Rechte und gegen die Tyrannei von Frauen in sozialen, wirtschaftlichen, politischen und religiösen Belangen. Sie verfassten ein von 68 Frauen und 32 Männern unterzeichnetes Manifest, das als *Declaration of Sentiments* bekannt wurde und – sich in Form und Formulierung an der Unabhängigkeitserklärung orientierend – in 18 Punkten die Ungerechtigkeiten gegen Frauen darlegt. Im Schlusswort der Deklaration wird gefordert, Frauen alle Rechte und Privilegien zu gewähren, die auch Männer besitzen, einschließlich des Wahlrechts. Dass die Medien landesweit darüber berichteten, löste eine öffentliche Diskussion aus, die den Forderungen der Frauenrechtlerinnen und -rechtler Nachdruck verlieh und ihnen einen bedeutsamen Erfolg bescherte.

> **„Ich kann besser schreiben, sie hat den kritischen Verstand, ... und zusammen haben wir Argumente entwickelt, denen dreißig lange Jahre alle Stürme nichts anhaben konnten – Argumente, die noch kein Mann widerlegt hat."**
>
> Elizabeth Cady Stanton über Susan Brownell Anthony

1850 lernte Elizabeth Cady Stanton die wie Lucretia Mott aus einer Quäkerfamilie stammende Lehrerin Susan Brownell Anthony kennen, mit der sie eine lebenslange Freundschaft und eine ganz der Frauenfrage gewidmeten höchst engagierte Arbeitsgemeinschaft verbinden sollte. Gemeinsam riefen sie 1868 die Zeitschrift »The Revolution« ins Leben. Die fünf Jahre jüngere Anthony wurde zum Kopf und zur Organisatorin zahlreicher über das Land verteilter Frauen-Konventionen, Unterschriftensammlungen und anderer öffentlichkeitswirksamer Aktionen.

1860 trug der unermüdliche Einsatz beider Frauen Früchte: Im Staat New York durften verheiratete Frauen erstmals wählen, eigenen Lohn behalten und die Vormundschaft ihrer Kinder übernehmen. Als 1865 nach Ende des Bürgerkrieges die Sklaven befreit wurden und den befreiten *männlichen* Sklaven 1869 per *Amendment*, per Zusatzartikel zur Verfassung der Vereinigten Staaten, das Wahlrecht zugesprochen wurde, erlosch die Solidarität vieler einflussreicher Männer aus Politik und Gesellschaft und auch ehemaliger Sklaven mit den Frauenrechtlerinnen schlagartig. Stanton und Anthony reagierten, indem sie ein weiteres Amendment formulierten, demzufolge »das Recht [...] zu wählen [...] nicht verweigert oder beschränkt werden [... dürfe] auf Grund des Geschlechts«, welches jedoch ignoriert wurde. Um diesem herben Rückschlag Einhalt zu gebieten, gründeten Stanton und Anthony noch 1869 die Organisation *National American Woman Suffrage Association* und setzen ihren Kampf für das Frauenwahlrecht mit zahlreichen Agitationsreisen durch das ganze Land fort.

Vor allem Anthony fiel durch zunehmenden »Ungehorsam« auf (nicht umsonst hatte sie schon 1840, wie überliefert ist, bei ihrem Ehegelübde das Wort »gehorchen« ausgespart): Im November 1872 marschierte sie in ein Wahlbüro und drohte, die Angestellten zu verklagen, würde man sie nicht als Wähler für die Präsidentschaftswahl registrieren. Im Zuge dieser Aktion kam es zur Anklage gegen Anthony. Dieser Vorfall verschaffte ihr die notwendige Öffentlichkeit, den Forderungen der AWSA Nachdruck zu verleihen und auf die Schieflage in der jungen amerikanischen Verfassung hinzuweisen.

Anlässlich der Hundertjahrfeier der amerikanischen Unabhängigkeit am 4. Juli 1876 bahnte sich Anthony zusammen mit vier Weggefährtinnen der *National Women Suffrage Association* ihren Weg zum Podium vor der Independence Hall in Philadelphia und trug zum Entsetzen vieler und unter Bewunderung der übrigen die historisch bedeutsame »Deklaration der Rechte für Frauen« vor. Sie war maßgeblich von Elizabeth Cady Stanton und Susan Brownell Anthony verfasst worden (siehe Seite 38–40).

Auch über die Ländergrenzen hinweg engagierten sich Anthony und Stanton gemeinsam über 50 Jahre lang für die amerikanische Suffragettenbewegung, viele Jahre davon an deren Spitze. In der sechs Bände umfassenden Publikation »History of Woman Suffrage« schrieben sie die Chronik ihrer Bewegung nieder, deren vierter Band noch im Todesjahr von Stanton 1902 und die beiden letzten nach dem Tode beider Frauen erschienen; das war im Jahr 1922, zwei Jahre nach der Einführung des in den Vereinigten Staaten bundesweiten uneingeschränkten Wahlrechts für Frauen.

Wir, das Volk, [...] wir, die gesamte Bevölkerung (1873)

von Susan B. Anthony

Freunde und Mitbürger:

Ich stehe heute Abend vor Ihnen als Angeklagte. Mein vermeintliches Verbrechen ist, dass ich bei der letzten Präsidentschaftswahl meine Stimme abgegeben habe, ohne darauf einen legitimen Anspruch zu besitzen. Ich werde Ihnen im Folgenden darlegen, dass ich mich nicht nur keines Verbrechens schuldig gemacht, sondern vielmehr schlicht und einfach mein Bürgerrecht wahrgenommen habe, das mir und allen Bürgern der Vereinigten Staaten durch die Verfassung garantiert ist und von keinem Staat verwehrt werden kann.

Einer Hälfte der Bevölkerung dieser Nation ist es heute gänzlich versagt, ein ungerechtes Gesetz aus den Gesetzbüchern zu tilgen oder ein neues, gerechtes hineinzuschreiben. Und diese Hälfte, das sind die Frauen, die sowieso schon ihre liebe Not haben mit einer Regierungsform, die eine Besteuerung ohne Mitspracherecht durchsetzt; die sie zwingt, sich an Gesetze zu halten, zu der sie zu keiner Zeit ihre Zustimmung gegeben haben; die sie ohne eine Aburteilung durch Ihresgleichen ins Gefängnis steckt und hängt; die sie durch die Ehe des Einflusses auf die eigene Person, den eigenen Lohn und die eigenen Kinder beraubt. Diese Hälfte also ist auf Gedeih und Verderb der anderen Hälfte ausgeliefert, und das in direktem Widerspruch zu Geist und Aussage der von den Gestaltern dieser Regierung verfassten Erklärungen, die allesamt auf dem unabänderlichen Prinzip der gleichen Rechte für alle beruhen. Mittels dieser Erklärungen wurden Könige, Priester, Päpste und Aristokraten alle gleichermaßen vom Thron gestoßen und politisch auf eine Stufe gestellt mit dem geringsten Untertan oder Leibeigenen. Sie wurden ihres »gottgegebenen« Herrschaftsanspruchs beraubt und politisch den Frauen gleichgestellt. Werden diese Erklärungen erst einmal praktisch umgesetzt, sind jegliche Standesunterschiede aufgehoben, und Sklave, Unfreier, Plebejer, Ehefrau, unverheiratete Frau, sie alle werden aus ihren Abhängigkeiten erlöst und auf das stolze Podest der Gleichheit erhoben.

In der Präambel zu unserer Verfassung heißt es:

»Wir, das Volk der Vereinigten Staaten, getragen von dem Ziel, unseren Bund zu vervollkommnen, Gerechtigkeit zu ermöglichen, im Inneren die Ruhe und nach außen die Verteidigung sicherzustellen, das Allgemeinwohl zu fördern und die Segnungen der Freiheit für uns selbst und unsere Nachkommen zu bewahren, setzen diese Verfassung der Vereinigten Staaten von Amerika in Kraft.«

Es waren wir, das Volk, nicht wir, die männliche Bevölkerung, sondern wir, die gesamte Bevölkerung, die diesen Bund begründet haben. Und wir haben ihn nicht begründet, um Segnungen oder Freiheit zu gewähren, sondern um sie zu bewahren – nicht für die Hälfte von uns und die Hälfte unserer Nachkommenschaft, sondern für alle, Frauen ebenso wie Männer. Es ist blanker Hohn, zu Frauen von den Segnungen der Freiheit zu sprechen, während ihnen die einzige Möglichkeit in dieser demokratisch-republikanischen Regierungsform, diese Segnungen zu bewahren, vorenthalten wird: der Urnengang. [...]

(Abbildung: Petition der *National Women Suffrage Association* an den Kongress der USA, 1873)

Deklaration der Rechte für Frauen (1876)

Protestdeklaration der *National Women Suffrage Association*

Während das ganze Land in gehobener patriotischer Stimmung ist und alle Herzen von Lobpreis erfüllt sind, kommen wir an diesem einhundertsten Jahrestag der Geburt unseres Landes erfüllt von großer Sorge und bringen einen Mißklang in diese Harmonie. Wenn Untertanen von Königen, Kaisern und Zaren der alten Welt in unseren nationalen Jubel einstimmen, sollen die Frauen der Republik sich dann weigern, ihr den Segen zu erteilen?

Wenn wir Amerikas Selbstdarstellung überschauen, die an Großartigkeit die von London, Paris und Wien übertrifft, sollen wir dann nicht über den Erfolg des jüngsten Rivalen unter den Ländern der Erde jubeln? Können nicht auch unsere Herzen sich angesichts unserer großen Errungenschaften als ein Volk mit Stolz erfüllen und in das Loblied einstimmen: unsere freie Rede, freie Presse, freien Schulen, freien Kirchen und der schnelle Fortschritt, den wir in materiellem Reichtum, Handel, Gewerbe und Erfindungen gemacht haben?

Und wir freuen uns tatsächlich über den Erfolg unseres Experiments der Selbstregierung. Unser Glaube an die großen Prinzipien der Menschenrechte, proklamiert im Jahre 1776, nicht nur als abstrakte Wahrheiten, sondern als der Grundstein der Republik ist fest und stark. Dennoch können wir nicht vergessen, auch nicht in dieser frohen Stunde, daß alle Männer aller Rassen, Himmelsrichtungen und Stände unter unserer gastfreien Flagge ausgestattet sind mit den vollen Rechten des Staatsbürgers, während alle Frauen immer noch die Degradierung der Rechtlosigkeit erleiden.

Die Geschichte unseres Landes war in den vergangenen hundert Jahren eine Abfolge von Anmaßungen und widerrechtlicher Machtausübung über die Frau, und zwar in direktem Gegensatz zu den Prinzipien einer legitimen Regierung, Prinzipien, die von den Vereinigten Staaten als ihre Grundlage anerkannt und die da sind:

Erstens – Die natürlichen Rechte eines jeden Individuums.

Zweitens – Die Gleichheit dieser Rechte.

Drittens – Daß Rechte, die nicht übertragen wurden, bei dem Individuum bleiben.

Viertens – Daß keine Person die Rechte anderer wahrnehmen kann, ohne dazu ermächtigt zu sein.

Fünftens – Daß die Nicht-Ausübung von Rechten diese nicht vernichtet.

Und wegen Verletzung dieser fundamentalen Prinzipien durch unsere Regierung klagen wir an diesem 4. Juli des Jahres 1876 die an, die uns regieren, und dies sind unsere Artikel der Anklage:

– Der Verlust der bürgerlichen Ehrenrechte wurde Gesetz durch die Einführung des Wortes »männlich« in alle Verfassungen der Bundesstaaten, wodurch Frauen das Wahlrecht verweigert und das Geschlecht zum Verbrechen gemacht wird. Das ist ein Machtmißbrauch, der durch Artikel I, Absatz 9,10 der Verfassung der Vereinigten Staaten eindeutig verboten ist.

– Die Habeas-Corpus-Akte, der einzige Schutz gegen »lettres de cachet« [gemeint sind willkürliche Verhaftungen] und alle Formen ungesetzlicher Inhaftierung, von welcher die Verfassung festlegt, daß sie »nicht außer Kraft gesetzt werden darf, außer wenn in Fällen von Rebellion oder Invasion die Sicherheit der Republik dies verlangt«, ist im Falle der verheirateten Frau gegenüber ihrem Ehemann in allen Bundesstaaten außer Kraft gesetzt: die ehelichen Rechte des Mannes sind in allen Fällen primär und die Rechte der Ehefrau sekundär.

– Das Recht eines Angeklagten auf ein Gerichtsverfahren durch Geschworene, die Seinesgleichen sind, wurde so eifersüchtig gehütet, daß einige Bundesstaaten sich solange weigerten, die ursprüngliche Verfassung zu ratifizieren, bis es durch das Sechste Amendment garantiert wurde. Und doch wurde den Frauen dieses Landes bisher niemals ein Geschworenengericht von Ihresgleichen zugebilligt – sie wurden in allen Fällen von Männern, hiesigen und fremden, gebildeten und ignoranten, anständigen und bösartigen gerichtet. Junge Mädchen werden in unseren Gerichten wegen Kindesmord angeklagt, gerichtet, verurteilt und gehängt – unter Umständen Opfer von Richtern, Geschworenen und Rechtsanwälten, ohne daß die Stimme einer Frau zu ihrer Verteidigung gehört wird. Aber nicht allein wird Frauen ein Geschworenengericht von Ihresgleichen verweigert, manchmal sogar ein Prozeß vor dem Geschworenengericht überhaupt. Während des Bürgerkrieges wurde eine Frau durch ein Militärgericht verurteilt und gehängt, unter Mißachtung des Fünften Amendments, welches ausdrücklich erklärt: »Keine Person darf für ein Kapital- oder ein anderes schändliches Verbrechen vor Gericht gestellt werden, außer durch Anklageschrift einer Anklagekammer, außer im Falle [...] von Personen, die in Kriegszeiten in aktivem Dienst sind.« Während der letzten Präsidentschaftswahl wurde ein Frau verhaftet, weil sie gewählt hatte [sic!]; ihr wurde der Schutz eines Geschworenengerichts verweigert, ihre Sache wurde verhandelt, sie wurde verurteilt und als Strafe wurden ihr eine Geldbuße und die Kosten des Verfahrens auferlegt: geschehen durch die absolute Macht eines Richters des Supreme Court der Vereinigten Staaten.

– Besteuerung ohne Repräsentation, die unmittelbare Ursache der Rebellion der Kolonien gegen Großbritannien, ist einer der übelsten Übergriffe, die Frauen in diesem Lande während der letzten hundert Jahre erlitten haben. Uns, die wir den Krieg und die Demoralisierung, die er mit sich bringt, hassen, uns werden Steuern auferlegt, um eine stehende Armee mit ihrer Vergeudung von Leben und Reichtum zu finanzieren. Uns, die wir an Mäßigkeit glauben, sind Steuern auferlegt, um damit das Verbrechen, das Laster und die Verelendung im Gefolge des Alkohol-Gewerbes zu unterstützen. Obwohl wir dessen Mißbrauch und die üblen Folgen unendlich viel mehr erleiden als der Mann, haben wir keinerlei Macht, um unsere Söhne vor diesem gigantischen Übel zu schützen. Während der Temperenz-Umzüge [Demonstrationen der Abstinenzbewegung] wurden Mütter schon dafür, daß sie auf der Straße gebetet und gesungen hatten, verhaftet und zu Geldbußen und Gefängnis verurteilt, während Männer sogar die Bürgersteige straflos mit ihren Militärparaden und politischen Prozessionen blockieren dürfen, und das selbst an Sonntagen. Uns, die wir an Ehrenhaftigkeit glauben, werden Steuern auferlegt, um eine gefährliche Armee von Zivilpersonen zu unterstützen, die die Regierungsämter kaufen und verkaufen und die besten Interessen des Volkes opfern. Und schlimmer noch, uns werden Steuern auferlegt, um jene Gesetzgeber und Richter zu finanzieren, die gegenüber Frauen feindliche Gesetze machen und Urteile fällen. Und als sie sich weigerten, derartig ungerechtfertigte Steuern zu zahlen, wurden in diesem Jahr Häuser, Land, Obligationen und Aktien beschlagnahmt und verkauft und damit Lord Cokes Erklärung bestätigt, daß »allein schon der Akt der Besteuerung des Eigentums eines Menschen ohne seine Zustimmung, den Tatbestand der Beraubung von jeglichem Bürgerrecht erfüllt«.

Amerikanische Suffragette in
New York, 1910

Victoria WOODHULL

1838-1927

»*Victoria Woodhull hat mehr für die Frauen getan, als jede andere von uns es gekonnt hätte. Sie hat den Männern getrotzt und sie herausgefordert, und wurde dafür mit Schmähungen überschüttet, die eine Frau schaudern lassen. Sie hat es riskiert, auf eine Weise von Schande gezeichnet zu werden, die jede andere von uns, die man doch immer willensstark genannt hat, gelähmt haben würde. Sie wird so berühmt sein, wie sie berüchtigt war, ehrlos gemacht von unwissenden und feigen Männern und Frauen. In den Annalen der Emanzipation wird der Name Victoria Woodhull als der einer Befreierin verzeichnet sein.*«

Diese fast euphorisch klingende Eloge auf Victoria Woodhull stammt von Elizabeth Cady Stanton, einer der wichtigsten Vertreterinnen der frühen Frauenrechtsbewegung Amerikas. Umso erstaunlicher, dass in der um 1900 erschienenen »Geschichte der amerikanischen Frauenbewegung« Victoria Woodhull mit keinem Wort erwähnt wird, obwohl Elizabeth Cady Stanton gemeinsam mit Susan Anthony dieses mehrbändige Werk herausgegeben hatte. Auch in anderen Publikationen wurde Victoria Woodhull fortan totgeschwiegen. Sie geriet in Vergessenheit. Erst in den 1990er Jahren »entdeckte« sie die moderne Frauenbewegung, erschienen erste Biografien. Was die Autorinnen bewogen hat, die so Hochgelobte aus der Geschichte der Frauenbewegung schließlich zu tilgen, lässt sich nur vermuten. Tatsache ist, dass Victoria Woodhull in den Siebzigerjahren des 19. Jahrhunderts wohl zu den populärsten, aber auch umstrittensten Persönlichkeiten in den USA gehörte.

Geboren wurde Victoria in Homer, Ohio, am 23. September des Krönungsjahres 1838 von Queen Victoria. Die Eltern Annie und Buck Claflin liebten es, ihre Kinder nach bestimmten Ereignissen oder Orten zu benennen, so hießen zwei der Schwestern Victorias Tennessee und Utica, in Anlehnung an die gleichnamigen US-Bundesstaaten. Denn Annie und Bluck Claflin waren ständig unterwegs, zogen mit ihren letztlich zehn Kindern von Ort zu Ort im Nordosten der USA, wo sie ihre Familie mit dem Verkauf selbstgebrauter Medizin, Wahrsagerei, angeblichen Wunderheilungen und kleinen Betrügereien über Wasser hielten. Durch ihre Verbindungen mit der magischen Zahl Sieben setzte die Mutter in ihr siebtes Kind Victoria große Hoffnungen. Sie musste einfach etwas Besonderes sein – und hatte Recht damit, wie sich später herausstellen sollte. Vorerst aber diente ihr die Tochter als begabtes Medium in spiritistischen Sitzungen. Im Unterschied zu ihren Eltern, die in der Wahrsagerei und dem Spiritismus lediglich eine Einnahmequelle sahen, nahm Victoria die Sache allerdings ernst und glaubte auch künftig an ihre übersinnlichen Kräfte.

Es war keine leichte Kindheit in einer Familie, die es oft genug auf der Flucht vor der Polizei von Ort zu Ort trieb, die ständig gegen die Armut kämpfte, und wo Schläge zum Alltag gehörten. Im Alter von fünfzehn Jahren entfloh Victoria dem Chaos bei den Claflins und stürzte sich in eine Ehe mit dem Arzt Canning Woodhull. Das große Los gezogen hatte sie damit leider nicht. Ihr Mann entpuppte sich als Alkoholiker und wenig zuverlässig. Victoria musste den Lebensunterhalt der Familie in San Francisco in Saloons verdienen, wohl auch als Prostituierte. Nach acht Jahren hatte sie genug und ließ sich scheiden.

Fest auf ihre spirituellen Fähigkeiten vertrauend, machte sie sich mit einer eigenen Praxis als Wahrsagerin und Heilerin selbstständig. Ihr immenses Selbstbewusstsein und ihre Fähigkeit, anderen Menschen aufmerksam zuzuhören, machten sie bald zur Meisterin ihres Fachs. Diese Eigenschaften versetzten sie in die Lage, Fragen und Probleme der Ratsuchenden vorwegzunehmen und ihnen das Gefühl zu geben, bei ihr gut aufgehoben zu sein. Dass man ihren Voraussagen für die Zukunft Glauben schenken konnte, sprach sich herum, und so wurde Victoria Woodhull schnell zu einer gefragten Wahrsagerin. Bald verliebte sie sich auch wieder, in James Blood, der auf den Schlachtfeldern des Amerikanischen Bürgerkriegs ein Trauma erlitten hatte und ihre Hilfe suchte. Er wurde ihr zweiter Ehemann. James Blood, aus einem intellektuellen Milieu stammend, Sozialist und Anhänger der freien Liebe, weckte in Victoria das Interesse am politischen Leben. Erstmals beschäftigte sie die Idee, politisch tätig zu werden, um auf diesem Wege auf eine Lösung der vielen sozialen und gesellschaftlichen Missstände zu drängen, die sie selbst und viele ihrer Klienten erfahren hatten.

Zunächst aber zog sie gemeinsam mit ihrem Mann und ihrer acht Jahre jüngeren Schwester Tennessee nach New York und setzte dort ihre Praxis überaus erfolgreich fort. In der Metropole eröffnete sich ihr ein ganz neuer, gut betuchter Kundenkreis mit einem äußerst lukrativen Geschäftsfeld. Sie sagte Börsenkurse voraus und ließ sich am Gewinn beteiligen. Zu richtigem Wohlstand verhalf ihr dann der damals reichste Mann Amerikas, der Eisenbahnmagnat Cornelius Vanderbilt. Dieser amerikanische Self-made-Man glaubte an die Hellseherei, liebte schöne Frauen und fühlte sich zu den Claflin-Schwestern hingezogen: Victoria wurde seine spirituelle Ratgeberin und Tennessee seine Geliebte. Als Victoria am 24. September 1869 – nicht zuletzt aufgrund ihrer guten Kontakte zu Mätressen wichtiger Finanzleute – Vanderbilt beim großen Börsencrash den richtigen Tipp zu Spekulation mit dem Goldpreis gab, verdiente sie mit einem Schlag 700 000 Dollar (heute etwa 2 Millionen Euro).

Damit hätten sich die Schwestern ein ruhiges, luxuriöses Leben leisten können, gründeten aber stattdessen ihre eigene Broker-Firma *Woodhull, Claflin & Co.* Dass Frauen in das Finanzgeschäft einstiegen, war ein Novum an der Wallstreet und erregte beachtliches Aufsehen – zumal sich *Woodhull, Claflin & Co.* speziell an die weibliche Kundschaft richtete, der dank der Claflin-Schwestern nun unabhängig von Ehemann, Vater oder sonstigem Vormund finanzielle Transaktionen ermöglicht wurden. Frauen durften damals unter eigenem Namen keine Börsenaktionen tätigen und mussten sich deshalb immer einen männlichen Vermittler suchen; bei *Woodhull, Claflin & Co.* stand dafür James Blood zur Verfügung. Kein Wunder, dass das Geschäft der Lady-Brokers florierte.

Doch Victoria Woodhull wollte mehr, verlor ihre politischen Ambitionen nicht aus dem Auge. Im Frühjahr 1870 erschien die erste Ausgabe der Zeitung »Woodhull and Claflin's Weekly« mit einer Mischung aus Börsennachrichten, spiritistischen Offenbarungen, Texten zu sozialistischen Themen und Berichten zur Frauenrechtsfrage. Der Kampf um das Wahlrecht stand zu dieser Zeit im Zentrum der Frauenbewegung, denn mit dem Ende des Bürgerkriegs und der Aufhebung der Sklaverei im Jahr 1869 hatten die schwarzen Männer das Wahlrecht erhalten. Bei den Frauen um Elizabeth Cady Stanton und Susan Anthony löste dies große Empörung aus, denn sie hatten bis dahin den Kampf um die

Aufhebung der Sklaverei und den ihren für das allgemeine Wahlrecht gemeinsam geführt. Die Enttäuschung angesichts dieser Missachtung der Frauen in dem neuen Gesetz war groß und fand ihren Niederschlag natürlich auch im »Woodhull and Claflin's Weekly«. Das war jedoch nur eine Seite des Engagements für das Frauenwahlrecht von Victoria Woodhull. Im April 1870 ging sie zum Frontalangriff über – und kündigte ihre Präsidentschaftskandidatur an. Im »Herald«, der wichtigsten New Yorker Zeitung, ließ sie folgende Anzeige drucken:

Während andere meines Geschlechts einen Kreuzzug gegen Gesetze führen, die die Frauen des Landes einschränken, habe ich meine persönliche Unabhängigkeit behauptet. Während andere für bessere Zeiten beteten, tat ich etwas dafür. Während andere für die Gleichheit von Frauen mit den Männern argumentierten, habe ich sie unter Beweis gestellt, indem ich eine erfolgreiche Geschäftsfrau wurde. Während andere zu zeigen versuchen, dass es keinen vernünftigen Grund gibt, warum Frauen in sozialer und politischer Hinsicht als dem Mann untergeordnet behandelt werden sollten, habe ich unerschrocken die Arena der Politik und der Wirtschaft betreten und die Rechte ausgeübt, die ich bereits besaß. Deshalb beanspruche ich für mich das Recht, für die vom Wahlrecht ausgeschlossenen Frauen des Landes zu sprechen und, im festen Glauben, dass die landläufigen Vorurteile gegen Frauen im öffentlichen Leben bald verschwinden werden, kündige ich hiermit meine Kandidatur für die Präsidentschaft an – unterschrieben: *Victoria Woodhull.*

Darüber hinaus verfasste sie ein Thesenpapier, in dem sie die Beschränkung des Wahlrechts auf männliche Bürger als verfassungswidrig begründete. Die als »Woodhulls Memorial« populär gewordene Schrift reichte sie als Petition im Rechtsausschuss von Kongress und Senat ein. Ihre Verteidigung vor Kongress und Senat im Januar 1871 – sie war die erste Frau, die vor diesem Gremium gehört wurde – begeisterte die Mitgliederinnen der Frauenrechtsbewegung. Victoria Woodhull, von der die Aktivistinnen bis dahin kaum Notiz genommen, ihre Präsidentschaftskandidatur eher als eine Laune wahrgenommen hatten, wurde zu einer ihrer führenden Persönlichkeiten. Auf ihre Initiative hin gründete sich im Mai 1872 die *Equal Rights Party* und ernannte Victoria Woodhull offiziell zur Präsidentschaftskandidatin für die Wahlen im darauffolgenden November. Victoria Woodhull, Eine Frau, aus dem untersten sozialen Milieu stammend, aufgewachsen in Armut und ohne nennenswerte Schulbildung, wollte Präsidentin von Amerika werden!

Victoria Woodhull, die Ikone der Wahlrechtsbewegung war ganz oben angekommen – zu weit oben, wie sich bald herausstellen sollte.

Hatte die amerikanische Männergesellschaft das exzentrische Auftreten der erfolgreichen Brokerin an der Wallstreet noch als ungewöhnlich, aber unterhaltsam goutiert, stieß sie mit ihrem sehr massiven politischen Engagement auf weit weniger Verständnis. Ihre radikalen Ansichten zur Emanzipation und auch ihre Kontakte zur internationalen Arbeiterbewegung – unter anderem veröffentlichte sie im »Woodhull and Claflin's Weekly« Texte von Karl Marx – konnte sie sich als Self-made-Woman leisten, aber nicht im Rahmen politischer Programme. In der Presse entzündete sich eine Debatte über weibliche »Respektabilität«, plötzlich stand ihre Tugendhaftigkeit auf dem Prüfstand. Gerüchte kamen in Umlauf über Bordelle, dubiose Geschäftspraktiken, Scharlatanerien. Victoria Woodhull dachte nicht daran, klein beizugeben. Sie vertuschte nichts, bekannte sich zu ihrer Vergangenheit und verteidigte unkonventionellen Ansichten über Tabuthemen wie die freie Liebe, das Recht auf Scheidung oder Geburtenkontrolle weiterhin in der Öffentlichkeit. Mit solchen radikalen Ansichten forderte sie die Gesellschaft heraus. Immer mehr Anhänger distanzierten sich von der Präsidentschaftskandidatin – nicht nur Männer, die ihre Privilegien durch sie infrage gestellt sahen, sondern auch Frauen der Reformbewegung. Deren Mitglieder stammten zumeist aus gutbürgerlichen Verhältnissen mit noch sehr traditionellen Ansichten von Weiblichkeit. So sahen zum Beispiel einige von ihnen in der Tugendhaftigkeit eine Möglichkeit, sich dem männlichen Herrschaftsgebaren zu entziehen. Themen wie Legalisierung der Abtreibung lösten bei diesen Frauen naturgemäß Empörung aus, der sie in Zeitungsartikeln und öffentlichen Versammlungen auch Ausdruck verliehen. Besonders hervor taten sich hier die Schriftstellerin Harriet Beecher Stowe, die Autorin des Bestsellers »Onkel Toms Hütte«, und ihre Schwester Catharina Beecher. Sie holten zu einer regelrechten Schlammschlacht aus. Victoria Woodhull aber setzte sich zur Wehr, machte das außereheliche Verhältnis des stadtbekannten Predigers und Bruders der Beecher-Schwestern in ihrer Zeitung publik. Mit dem Skandal, den dieser Artikel auslöste, war sie offenbar zu weit gegangen – und sie hatte den Einfluss des Beecher-Clans unterschätzt. Victoria Woodhull kam ins Gefängnis, die Präsidentschaftswahlen fanden ohne sie statt.

1877 verließ sie New York mit Tennessee und ging nach England, wo sie 1927 in einer kleinen Ortschaft als reiche Witwe und Wohltäterin starb.

> „Während andere für bessere Zeiten beteten, tat ich etwas dafür.“

Frauenwahlrechtsdemonstration in den USA mit
Transparent: I Wish Ma Could Vote – Ich wünschte,
Mutter dürfte wählen, um 1913.

Jane ADDAMS

1860-1935

Die Weltöffentlichkeit horcht auf, als im Januar 1917 der US-amerikanische Präsident Woodrow Wilson vor dem Senat in Washington seine Friedensrede hält. Er fordert die Krieg führenden Länder zu einem »Frieden ohne Sieg« auf und nennt die dafür wichtigsten Voraussetzungen. Erst wenige Wochen zuvor hat er sich mit der Vorsitzenden des *Internationalen Frauenkomitees für dauernden Frieden*, Jane Addams, zu einer Unterredung getroffen und bei dieser Gelegenheit ihr stark zerlesenes Skript mit den Worten gezeigt: »Wie Sie sehen, habe ich die Beschlüsse genau studiert. Ich betrachte sie als das weitaus Beste, was bis zum heutigen Tage von irgend jemand formuliert worden ist.« Sichtlich beeindruckt kommentierte der Präsident so die 1915 vom Internationalen Frauenfriedenskongress in Den Haag verabschiedeten Beschlüsse, in denen die Delegierten Bedingungen für einen Frieden in Europa formuliert hatten. Etliche dieser Vorschläge fanden Eingang in Wilsons Rede und waren auch wieder in den »14 Punkten« enthalten, die der amerikanische Präsident am Kriegsende als Grundlage für die Friedensverhandlungen 1919 den Siegermächten unterbreitet. Von wem Wilsons Programm inspiriert ist, kommt allerdings nirgendwo zur Sprache.

Jane Addams, die 1915 in Den Haag zur Vorsitzenden des Komitees gewählt worden war und somit als Gründerin der heute noch existenten *Internationalen Frauenliga für Frieden und Freiheit* (IFFF) gilt – so der Name ab 1919 –, reist im Anschluss an den Haager Kongress mit einer

Jane Addams auf dem amerikanischen Friedenskongress, 1909

Delegation in die Krieg führenden Länder, um die Regierenden von der Notwendigkeit eines Friedensschlusses unter Verzicht des Sieges einer jeden Kriegspartei zu überzeugen. Abgesehen von nervenaufreibenden Grenzformalitäten, langen Wartezeiten und Visaproblemen verläuft die Reise recht problemlos, der österreichische Premierminister Karl Graf Stürgkh äußert nach dem Gespräch mit ihnen sogar, dass dies die ersten vernünftigen Worte gewesen seien, die seit zehn Monaten in diesen Räumen gesprochen wurden. Dennoch – die Aktion bleibt wirkungslos, und auch Wilsons Friedensappell verhallt. Im April 1917 treten die USA in den Krieg ein.

Jane Addams kehrt nach ihrer Friedensmission Ende 1915 aus Europa in ihre Heimat USA zurück, wo sie 1860 in dem kleinen Dorf Cedarville im Bundesstaat Illinois zur Welt kam. Jane, deren Mutter früh starb, liebt und verehrt ihren Vater über alles. Als Anhänger der Glaubensgemeinschaft der Quäker wendet er sich gegen die Sklaverei und den Kriegsdienst, fordert eine bessere Bildung für das einfache Volk und mehr Rechte für die Frauen. Jane kommt mit siebzehn auf das Rockford Female Seminar, wo sie eine Ausbildung in der Art der heutigen Colleges erhält und zur selbstlosen Pflichterfüllung erzogen wird; über eine jede von ihnen sollte man einmal sagen können: »Sie hat getan, was sie konnte.« Um Jane bildet sich ein kleiner Diskussionszirkel, in dem sich die Klassenkameradinnen bei gemeinsamer Lektüre philoso-

> „Wir Frauen können klarstellen, dass die Völker ohne männlichen Kampfgeist ohne Wettbewerb und ohne den Geist von Rivalität zusammenarbeiten können."

phischer und historischer Schriften darüber verständigen, all ihren Willen und ihr Können für eine bessere Welt einzusetzen. Sie versprechen sich gegenseitig, niemals zu heiraten, um ihrer Sache nicht untreu zu werden. Jane Addams hält sich daran; ab 1890 verbindet sie jedoch eine enge Gemeinschaft mit ihrer Freundin Mary Rozet Smith, der Tochter eines wohlhabenden Papierfabrikanten aus Illinois. Auch Mary Rozet Smith macht das soziale Engagement zu ihrer Lebensaufgabe, und sie ist es, die Jane Addams in deren immer wiederkehrenden Krankheitsphasen aufopfernd pflegt. Die Lebensgemeinschaft beider Frauen endet erst mit Marys Tod im Jahr 1933.

Als Jane auf mehreren Europareisen mit den sozialen Problemen der modernen Industriegesellschaft konfrontiert wird, reift in ihr der Entschluss, sich der Armenfürsorge zu widmen. Sie kämpft gegen Kinderarbeit, engagiert sich in karitativen Organisationen und gründet 1889 gemeinsam mit ihrer Schulfreundin Ellen Gates Starr mitten im Elendsviertel von Chicago das nach seinem Vorbesitzer bezeichnete Hull House. Das Haus – und mit ihm Jane Addams – wird in ganz Amerika zum Symbol einer sozialreformerischen Idee, der sogenannten *Settlement*-Bewegung: Menschen aus den bürgerlichen Schichten beziehen große Häuser in den Armenvierteln der Großstädte und bieten nachbarschaftliche Kontakte und Weiterbildungsmöglichkeiten an. Dabei richtet Jane ihr Augenmerk insbesondere auf die Betreuung berufstätiger Mütter und die Ausbildung junger Mädchen. Neben der täglichen Sozialarbeit setzt sich Jane Addams in ständigem Kontakt mit Politikern für die Durchsetzung sozialer Reformen ein, engagiert sich in der Frauenstimmrechtsbewegung und als überzeugte Pazifistin in der Friedensbewegung.

Nach dem Krieg, im Mai 1919, findet in Zürich die zweite Tagung der Pazifistinnen statt. Erschüttert von den harten Bedingungen, die die Siegermächte ihrem deutschen Gegner im Versailler Friedensvertrag diktiert haben, ruft Jane ihre Geschlechtsgenossinnen erneut zusammen. Gemeinsam protestieren sie gegen den Versailler Vertrag, in dessen Bedingungen sie »Zündstoff für weitere Kriege« sehen und fordern die Berücksichtigung der »14 Punkte« Woodrow Wilsons, die auf der Anerkennung des Selbstbestimmungsrechts der Völker basieren – so wie sie es schon 1915 in den Haager Beschlüssen verankert hatten. Erfolg ist den Frauen aber auch dieses Mal nicht beschieden.

Eine späte Anerkennung ihrer Friedensmission erfährt Jane Addams dennoch: 1931 wird ihr für ihr unermüdliches Engagement in der pazifistischen Frauenbewegung der Friedensnobelpreis verliehen.

Warum Frauen wählen sollten (1915)

von Jane Addams

Seit Generationen schon ist die gängige Meinung, dass der Platz einer Frau innerhalb ihrer eigenen vier Wände ist. Das wird wohl auch weiterhin so bleiben, denn ein gesellschaftlicher Wandel, der sie von dieser vorrangigen Verpflichtung befreit, ist kaum abzusehen.

Die folgende Abhandlung will aufzeigen, dass viele Frauen heutzutage ihre Pflichten im Haushalt nicht in angemessener Art und Weise zu erfüllen vermögen, weil sie einfach nicht einsehen, dass die Frau in unserer immer vielschichtigeren Gesellschaft auch für Dinge außerhalb ihres eigenen Heims Verantwortung übernehmen muss. Nur so kann sie sich ihr Zuhause in vollem Umfang bewahren. Das ließe sich an vielen Beispielen deutlich machen. Die grundlegende Aufgabe einer Frau, so kann man doch wohl sagen, ist es, ihr Haus sauber und ordentlich zu halten und ihre Kinder mit gesundem Essen satt zu machen. Wenn sie aber, wie so viele meiner Nachbarinnen, in einer Mietskaserne wohnt, kann sie diesen einfachen Pflichten nicht aus eigener Kraft nachkommen, weil sie auf Gedeih und Verderb den städtischen Behörden ausgeliefert ist. Diese schaffen ja erst die Bedingungen, die ein menschenwürdiges Dasein ermöglichen. Ihr Souterrain wird nur dann trocken sein, ihr Treppenhaus nur dann brandsicher, ihre Wohnung wird nur dann genügend Fenster für Licht und Luft haben und mit sanitären Anlagen ausgestattet sein, wenn das Amt für öffentliche Arbeiten Kontrolleure schickt, die sich unermüdlich dafür einsetzen, dass diese Grundversorgung gewährleistet ist. Auf dem Land fegen die Frauen ihren Vorgarten selbst und füttern mit den Tischresten entweder ihre Hühnerschar oder lassen sie arglos unter freiem Himmel in der Sonne verrotten. In einem überfüllten Stadtviertel dagegen hält auch noch so viel Fegen der Bewohner das Haus nicht frei von Ruß, wenn die Straße nicht von den städtischen Behörden gereinigt wird. Wenn der Abfall nicht regelmäßig abgeholt und vernichtet wird, muss eine Mutter in einer Mietskaserne immer damit rechnen, dass ihre Kinder an Krankheiten sterben, denen sie alleine machtlos gegenübersteht, auch wenn sie mit noch so viel Liebe und Hingabe dagegen ankämpft. Sie kann für ihre Familie ja nicht einmal unverdorbenes Fleisch auf den Tisch bringen und auch kein frisches Obst, es sei denn, das Fleisch wurde von städtischen Beamten geprüft, und das verfaulte Obst, das in den Mietshausbezirken so häufig zum Verkauf angeboten wird, wurde im Interesse der allgemeinen Ge-

sundheit vernichtet. Kurzum, wenn die Frauen weiter wie seit alters ihr Haus in Ordnung halten und ihre Kinder großziehen wollen, müssen sie über den engeren Kreis der eigenen Familie hinaus auch ein Bewusstsein für das Allgemeinwohl entwickeln. Die Sorge und der Einsatz nur im Privaten reicht heute nicht mehr aus.

(Abbildung: Die amerikanischen Frauenrechtlerinnen Isabella Blaney, Mary J. Willmarth und Jane Addams)

Millicent
GARRETT FAWCETT

1847–1929

Schon ihre elf Jahre ältere Schwester Elizabeth hatte es vorgelebt: Allen Widerständen zum Trotz hatte sie stets das klare Ziel verfolgt, Ärztin zu werden. Mit Erfolg: Elizabeth Garrett Anderson erhielt bereits 1866 – noch bevor sich in England ab 1869 die Frauen-Colleges bildeten – ihre Zulassung und ging als erste britische Ärztin in die Geschichte ein.

Als sich der Kampf um Elizabeths Prüfungs- und Zulassungsverfahren zuspitze, lernte die achtzehnjährige Millicent den Verlobten ihrer Schwester, Henry Fawcett (1833–1884), kennen, einen Professor für Volkswirtschaft der Cambridger Universität, der als liberaler Abgeordneter im britischen Unterhaus saß. Da Elizabeth sich ganz dem Medizinstudium verschrieben hatte, gab sie ihren Verlobten schließlich frei. Millicent und Henry heirateten 1867, und schon ein Jahr darauf trat Millicent in das *London Suffrage Committee* ein.

Da Henry Fawcett seit einem Jagdunfall in der Jugend erblindet war, wurde Millicent zu seiner wichtigsten Mitarbeiterin und schrieb fortan seine politischen Schriften und Reden für ihren Mann nieder. Bald wurde sie auch selbst zu politischen und ökonomischen Themen publizistisch tätig; stets gefördert und ermutigt von ihrem vierzehn Jahre älteren Ehemann. Zu ihrem Freundeskreis gehörte Reformer John Stuart Mill, der wie Henry für die Liberalen im Parlament saß und sich für das Frauenwahlrecht stark machte. Ihm folgend, wurden auch die Fawcetts zu aktiven Frauenrechtlern. Im Jahr 1872 veröffentlichte das Paar eine gemeinsame Sammlung von Aufsätzen und Reden. Aus diesen

Texten ging hervor, wie sie ihr Verhältnis verstanden: als eine Verbindung zweier unabhängiger Geister in einer ihre politischen Ideen widerspiegelnden gleichberechtigten Partnerschaft.

An Henrys Seite stieg Millicent zu einer der prominentesten Suffragetten ihrer Epoche auf, und als er 1884 starb, setzte sie ihren gemeinsamen Kampf für die Rechte der Frauen fort. 1890 wurde sie Präsidentin der gemäßigten *National Union of Women's Suffrage Societies* (NUWSS), die als britischer Dachverband der Frauenwahlrechtsbewegung fungierte. Anders als der radikale Flügel der Bewegung, der von Emmeline Pankhurst geleiteten *Women's Social and Political Union*, trat Millicent stets für eine rein politische Lösung der Sache ein und betonte stets, ihre Mitglieder seien »gesetzestreue Stimmrechtlerinnen« unter dem Vorsatz der Ablehnung von Gewalt. Dem Dachverband NUWSS stand Millicent Fawcett bis ins Jahr 1919 vor. Nachdem 1918 mit der Einführung des Frauenwahlrechts für Frauen ab 30 Jahren ein erster großer Sieg der Suffragetten errungen werden konnte, zog sich Millicent von der politischen Bühne zurück, blieb in zahlreichen Publikationen dem Thema Gleichberechtigung aber treu. Im Jahre 1925 wurde sie für ihre Verdienste in den Adelsstand erhoben. Sie starb vier Jahre später in London.

„Millicent war eine attraktive, sehr feminine Erscheinung und entwaffnete dadurch die Kritiker, denen das Frauenstimmrecht als höchst gefährlich und entschieden unfeminin galt."

Olive Banks (1923–1906) über Millicent Garrett Fawcett

Foto der amerikanischen »International Woman Suffrage Alliance«, 1914. Als Zweite von links der zweiten Reihe ist Millicent Garrett Fawcett als Vertreterin der britischen Frauenrechtsbewegung zu sehen.

Helene LANGE

1848–1930

Misst man das Ansehen einer Lehrerin an der Zahl der Schulen, die nach ihr benannt werden, dann besteht an der Bedeutung von Helene Lange kein Zweifel. In vielen deutschen Städten gibt es heute eine Helene-Lange-Schule, und auf den jeweiligen Webseiten der Anstalten findet sich auch immer eine Biografie der Namensgeberin. Helene Lange, in Oldenburg als Kind einer Kaufmannsfamilie geboren, wurde schon früh Waise. Ihren Wunsch, Lehrerin zu werden, konnte sie sich erst nach der Volljährigkeit erfüllen, weil der Vormund es zuvor nicht erlaubt hatte; als Externe legte sie 1872 ihr Examen an der Königlichen Augusta-Schule in Berlin ab.

Lange aber wollte mehr werden als die Absolventin einer Mädchenschule, sie wollte studieren. Als ein Schlüsselerlebnis beschreibt sie, wie sie bei einem Verwandtenbesuch auf einem Spaziergang den studierenden Sohn von seiner Arbeit berichten hört und ihn deshalb einen »glückseligen jungen Mann« nennt, sich selbst (und alle jungen Frauen) aber von diesen Erfahrungen ausgeschlossen weiß – der Mann redend vorangehend, die Frau schweigend einige Schritte hinterher, eine sehr symbolische Konstellation. Allerdings lag die Mädchen- und Frauenbildung weit mehr als nur einige Schritte zurück. Durch Pauken konnten auch dümmere Knaben die Reifeprüfung schaffen, Helene Lange jedoch, der dank ihrer Intelligenz das Wissen »zuflog«, war eine solche Prüfung verwehrt. »Vielleicht war diese Stunde die Geburtsstunde der Frauenrechtlerin«, resümiert Lange später in ihren Erinnerungen.

Porträtaufnahme
Helene Langes,
Oktober 1893

61

Nach ihrem Examen unterrichtete sie viele Jahre als Lehrerin in Berlin an höheren Töchterschulen, wobei dieser Begriff nicht eine »höhere Schule«, etwa ein Gymnasium, bezeichnet, sondern nur eine Schule für die Töchter der gehobenen Schichten. Während dieser Arbeit lernte Lange sowohl die zahlreichen Mängel in der Mädchenbildung wie auch die in der Lehrerinnenausbildung kennen, und diese Erkenntnis ließ sie zunehmend aktiver für Reformen im Bildungsbereich eintreten. Besonders störte sie, dass »höhere Töchter« immer noch für eine Lebensweise als »Dame der Gesellschaft« erzogen werden sollten, wodurch ihnen ein erfüllender Beruf von vornherein verwehrt und im Wesentlichen eine Existenz nutzlosen Müßiggangs vorbestimmt sein würde. Im Falle einer ökonomischen Notsituation jedoch wäre damit kaum eine anspruchsvolle Beschäftigung möglich. Als Lehrerin käme zumeist nur die Anstellung an einer Elementarschule infrage – ein Unterricht in den oberen Klassen, gar mit wissenschaftlichem Anspruch, bliebe den Männern vorbehalten. Das musste geändert werden, und Helene Lange war die Frau, die ihre bemerkenswerte Energie, ihre gesamte Arbeitskraft für dieses Ziel einsetzte.

Wenn sie die 1928 zu ihrem 80. Geburtstag vom *Allgemeinen Deutschen Lehrerinnenverein* herausgegebene Textsammlung »Kampfzeiten« nennt, so ist mit diesem Begriff eindrucksvoll ihre Tätigkeit und die aller Frauen beschrieben, die sich für weibliche Bildung und Ausbildung einsetzten. Denn »jedes winzige Zugeständnis, jeder kleinste Fortschritt [ist] den ›Regierenden‹ und dem fast geschlossenen Widerstand der Masse der Männer in langem, zähem Kampf abgerungen worden«, schreibt sie im Vorwort zu den Bänden und kann zugleich befriedigt feststellen, dass der Kampf erfolgreich war – der Kampf für das Ansehen der Lehrerinnen.

Dass diese kein sonderlich hohes Prestige hatten, ist erklärlich, da sie nur bei den »Kleinen« unterrichten durften und insofern fast jeder Mann im Schulwesen über ihnen stand. Um dies zu ändern, musste die Ausbildung geändert werden, und dann würde sich auch das Selbstwertgefühl der Lehrerinnen ändern. Diese sollten das Bewusstsein bekommen, »dass sie etwas zu bedeuten haben würden für die Mädchenerziehung; sie sollten nicht mit dem durchbohrenden Gefühl ihres Nichts gegenüber den männlichen Kollegen erfüllt werden«. Da Lange während ihrer Berufstätigkeit ein enges Beziehungsgeflecht unter Lehrerinnen und Frauenrechtlerinnen geschaffen und – wie man heute sagen würde – *networking* betrieben hatte, konnte sie nicht zuletzt deswegen allmählich Erfolge vorweisen.

Eine Reise nach England, gesponsert von der damaligen Kronprinzessin Victoria – der späteren Kaiserin Friedrich –, die anders als ihre Mutter Queen Victoria Frauenrechtlerinnen nicht auspeitschen lassen wollte, sondern diese in ihren Zielen unterstützte und förderte, diente Helene Lange nicht nur zur Information, sondern sicher auch zur Erholung von öffentlichen Anfeindungen. Zu Beginn des Jahres nämlich hatte sie zusammen mit Gleichgesinnten »auf Veranlassung eines Kreises Berliner Frauen und Mütter, denen das Wohl ihrer eigenen Töchter und des ganzen weiblichen Geschlechts warm am Herzen liegt« eine Petition an das Preußische Unterrichtsministerium und das Preußische Abgeordnetenhaus eingereicht. Diese Petition beantragte, »dass dem weiblichen Element eine größere Beteiligung an dem wissenschaftlichen Unterricht auf der Mittel- und Oberstufe der öffentlichen höheren Mädchenschulen gegeben und namentlich Religion und Deutsch in Frauenhand gelegt werde« und »dass von Staatswegen Anstalten zur Ausbildung Wissenschaftlicher Lehrerinnen für die Oberklassen der höheren Mädchenschulen mögen errichtet werden«. In einer erläuternden Begleitschrift, wegen der Farbe ihres Umschlages »Gelbe Broschüre« genannt, legte Helene Lange ausführlich ihre

„Wenn das Endziel der Frauenbewegung einmal erreicht ist, so wird es kein führendes Geschlecht mehr geben, sondern nur noch führende Persönlichkeiten."

Vorstellungen von der Entwicklung der Mädchenschulen dar. Mädchen sollten vor allem von Frauen unterrichtet werden, denen Lange eine »geistige Mütterlichkeit« zusprach, die der jungen Weiblichkeit verständnisvoller zu begegnen vermag als es männliche Lehrer könnten.

Nach der Veröffentlichung dieser Schrift brach über die Frauen, die es gewagt hatten, Zweifel an der männlichen Überlegenheit im Schulwesen anzumelden, ein Sturm der Entrüstung herein. Die meisten Lehrer der Mädchenschulen fielen mit teilweise wüsten Beschimpfungen über Helene Lange her, und die Kultusbürokratie versuchte mit dem bewährten Mittel staatlicher Repression den vermeintlichen Aufstand zu kontrollieren.

Helene Lange aber ließ sich nicht entmutigen oder in die Defensive drängen, sondern richtete – mit Unterstützung der Kaiserin Friedrich – Gymnasialkurse ein, die junge Frauen zum Abitur und damit auch später zum Studium führen konnten. Die Energie, die strategische Versiertheit und die Einsatzfreude von Helene Lange waren fast beispiellos

„Die Behauptung, daß tatsächlich keine Frau je die Fähigkeit zur Leitung einer höheren Mädchenschule besitzen könne, ... würde offensichtlichen Tatsachen ins Gesicht schlagen."

und riefen sogar bei ihren Gegnerinnen Anerkennung hervor. Sie gründete 1890 mit Gleichgesinnten den *Allgemeinen Deutschen Lehrerinnenverein* (ADLV), um damit auch den von Männern dominierten Gruppierungen Paroli bieten zu können, und für die interessierte und zu interessierende Weiblichkeit die Zeitschrift »Die Frau. Monatsschrift für das gesamte Frauenleben unserer Zeit« (1893), deren Herausgeberin sie lange war; sie wurde zur bedeutendsten Zeitschrift der bürgerlichen Frauenbewegung in. Im selben Jahr trat sie in den Vorstand des 1865 von Louise Otto-Peters und Auguste Schmidt gegründeten *Allgemeinen Deutschen Frauenvereins* (ADF) ein und 1894 in gleicher Funktion in den neu gebildeten Dachverband aller Frauenverbände, den *Bund Deutscher Frauenvereine* (BDF). Das Stimmrecht für Frauen gehörte zwar zu den Programmpunkten des BDF, doch stand dies keineswegs an erster Stelle. War doch ein Großteil der bürgerlichen Frauen der Überzeugung, dass nach dem Beweis der Frauen, dass sie gleiches leisten können wie die Männer, die Erteilung des Wahlrechts automatisch kommen würde. Sie sahen ihren Schwerpunkt deshalb weiterhin im sozialen Bereich und im Kampf um bessere Bildungsmöglichkeiten für Mädchen und Frauen.

Als endlich 1908 eine Reform des Mädchenschulwesens erfolgte, hatte Lange Wesentliches erreicht. Aber die Kämpfe, teilweise hart und unerfreulich, hatten Kraft und Gesundheit gekostet, und Lange überlegte, sich ganz aus dem politischen Geschäft zurückzuziehen, da sie keine hinreichende Unterstützung hatte. In dieser Situation kam Gertrud Bäumer und bot ihre Hilfe an – ein unerwarteter Wendepunkt in beider Leben: 1899 zogen sie zusammen in eine Wohnung im Berliner Westen.

Gleiches Recht, Frauenstimmrecht.

Wacht auf Ihr deutschen Frauen aller Stände, aller Parteien!

Broschüre »Gleiches Recht, Frauenstimmrecht« aus dem Jahr 1907

Gertrud BÄUMER

1873-1954

Getrud Bäumer war das, was man heute eine »Powerfrau« nennt. Die
Stationen ihrer Biografie sind zahlreich: Sie wuchs, 1873 als Pfarrers-
tochter in Westfalen geboren, in Pommern im Haus der Großeltern auf,
wurde dort neben den Werken Goethes auch mit denen der Jungdeut-
schen Heine und Gutzkow vertraut, ging als Lehrerin nach Magdeburg
und knüpfte dort erste Kontakte zur bürgerlichen Frauenbewegung.
1898 zog sie zum Studieren nach Berlin, wo sie ein Jahr später mit Helene Lange zusammenzog, die sie 1896 über den *Allgemeinen Deutschen
Lehrerinnenverband* kennenlernt hatte. Gemeinsam gaben sie unter anderem das mehrbändige »Handbuch der Frauenbewegung« heraus. Sie
promovierte über Goethe, wurde 1910 Vorsitzende des *Bundes Deutscher Frauenvereine* (BDF), und damit eine der einflussreichsten Vertreterinnen der Stimmrechtsforderung.

Schockierend waren die Bilder, die sich Bäumer boten, kurz nachdem sie 1916 mitten im Ersten Weltkrieg aus Berlin nach Hamburg gezogen war. Eine Pulverfabrik war in die Luft gegangen, ohne dass es
einen feindlichen Angriff gegeben hätte – der »Unfug von Männern im
weiblichen Schlafsaal einer gemeinsamen Baracke« wurde als Ursache
gemeldet. Fatal die Folgen: Über einhundert Frauen verbrannten. Die
Arbeiterinnen, so Bäumer, die überlebt hatten, »zum Teil verwundet
und verbunden, trieben sich, Zigarren rauchend, unter den Soldaten
herum, die das Massengrab für die Überreste ausschaufelten – ein Bild
der Verwahrlosung, die entstanden war aus wahllos zusammengeraff-

Porträt Gertrud
Bäumers aus dem
Jahr 1901

ten Menschen, Abhub des Hafens darunter, Mangel an jeder sozialen und seelischen Pflege«. Nicht der Umstand, dass man in Hamburg Frauen in der Rüstungsindustrie beschäftigte, irritierte Bäumer, dafür war sie nicht Pazifistin genug – die »Verwahrlosung«, der Sittenverfall zu Kriegszeiten empörte sie. Um die Jahrhundertwende war die Stadt zum Moloch geworden, mit der Einwohnerzahl war auch der Armenanteil explodiert, und der Weltkrieg steuerte seinen Teil zur Existenznot und allgemeinen Verunsicherung der Menschen bei. Soziale Einrichtungen für Arbeiterinnen waren kaum vorhanden. Für Bäumer war klar: In jeden größeren Betrieb gehörten fachlich ausgebildete »Fabrikpflegerinnen«, die sich um Gesundheitsfürsorge, Wohnungssituation und Kinderbetreuung der beschäftigten Frauen kümmerten.

Der Aufbau des Hamburger *Sozialpädagogischen Instituts* unter der Leitung Bäumers ging Hand in Hand mit ihrem politischen Aufstieg – zu einem Zeitpunkt, an dem sich die Karriere ihrer dreißig Jahre älteren Lebensgefährtin Helene Lange gerade dem Ende neigte. Gut zwei Jahre bevor Lange nämlich 1919 als Alterspräsidentin und Abgeordnete der *Deutschen Demokratischen Partei* (DDP) die erste Hamburger Bürgerschaft eröffnete, bot man Bäumer die Leitung einer neu zu gründenden Bildungseinrichtung für Frauen an. Sie schuf daraufhin eine einzigartig durchorganisierte Musterschule, die nicht allein die fachliche Ausbildung, etwa bei der Kinderpflege, Jugendfürsorge, Pädagogik oder Wohlfahrtspflege, bot, sondern in einem fortführenden Seminar Frauen auch als Lehrkräfte für Frauenschulen ausbildete. Der ganzheitliche Aspekt stand dabei im Vordergrund: Neben dem Handwerk der Sozial- und Bildungsarbeit sollte vor allem der Idealismus für soziales Handeln vermittelt werden. In der Moorweidenstraße bezog man Räumlichkeiten, welche die Oberschulbehörde zur Verfügung stellte, und nutzte auch Hörsäle des Vorlesungsgebäudes der späteren Universität. Aufgenommen wurde man nur nach einem persönlichen Gespräch mit Gertrud Bäumer. Die Bewerberinnen standen meist unmittelbar unter dem Eindruck des Weltkrieges und kamen häufig aus »den sehr konservativen Hamburger Häusern, mit dem Gefühl, dass ihr Leben wie bisher nicht weiter gehen könne«. Auch är-

> „Ich pflegte meinen Stuhl soweit an den Rand des Lichtringes zu schieben, wie nur möglich – es brauchte niemand zu sehen, was ich las – und war voll rebellischer Fragen. War dies Leben nun das Richtige?"

Erinnerung an die Jugendzeit im Haus der Großeltern

meren Frauen und Mädchen standen die Türen des Instituts dank einer dafür ins Leben gerufenen Stiftung prinzipiell offen. Die Wochenenden verbrachten Schülerinnen und Lehrerinnen dem pädagogischen Konzept folgend häufig zusammen; in einem Landhaus vor der Stadt, das Bäumer für das Institut angemietet hatte.

Das von den Sozialdemokraten nach der Revolution von 1918 überraschend eingeführte Wahlrecht versetzte sie in die Lage, sich nun auch auf der politischen Bühne für die Rechte der Frauen einzusetzen. Nach dem Aufbau des Instituts in Hamburg wurde Bäumer für die DDP in die Nationalversammlung und später in den Reichstag gewählt. 1920 ging sie als Ministerialrätin im Reichsinnenministerium zurück nach Berlin, zuständig für das Schulreferat und die Jugendwohlfahrt, und wurde dort 1933 aus politischen Gründen entlassen. – In der Weimarer Republik war Gertrud Bäumer eine der erfolgreichsten, wenn nicht die erfolgreichste »Berufspolitikerin« – ein Begriff, mit dem sie sich allerdings niemals angefreundet hätte, da er zu viel Routine und zu wenig Leidenschaft suggeriert.

Marianne HAINISCH

1839-1936

Es war der Baumwollkrise als Folge des Amerikanischen Bürgerkriegs zuzuschreiben, dass aus der Industriellengattin und Mutter Marianne Hainisch eine Frauenkämpferin wurde. Ihr Mann Michael besaß eine gut gehende Spinnerei nahe dem Semmering in Niederösterreich, als die Baumwolle aus Übersee ausblieb. Er konnte sein Unternehmen retten, doch viele andere mussten schließen. Der kranke Mann einer Freundin konnte die Familie nicht mehr ernähren, seine Frau jedoch keine Beschäftigung finden, die »eine der sozialen Stellung des Mannes entsprechende Position« gewährte. »Das erschütterte mich«, schrieb Marianne Hainisch. Arbeiterinnen konnten ihre Familie, wenn auch schlecht, so doch irgendwie allein über die Runden bringen. Höheren Töchtern, die über keine berufliche Ausbildung verfügten und ihren Status zu wahren hatten, war dies unmöglich. »Nun wurde mir plötzlich klar, dass bürgerliche Mädchen für den Erwerb vorbereitet werden müssten«, so Hainisch. »Ich war tief ergriffen und wurde an diesem Tage zur Frauen-Vorkämpferin.«

Wie alle bürgerlichen Mädchen hatten auch sie und ihre Freundin die damals übliche Erziehung erfahren: Sie erhielten Hausunterricht oder besuchten eine private Schule für höhere Töchter; ihre schöngeistige Bildung sollte sie rein dazu befähigen, eine gute Hausfrau und Mutter und dem Mann eine würdige Gefährtin zu sein. Der 1866 gegründete *Wiener Frauen-Erwerbverein* trat zu dieser Zeit für eine Verbesserung der Berufschancen von Frauen ein. Bei der dritten Generalversamm-

Fotografie Marianne Hainischs, um 1929

lung des Vereins im März 1870 brachte Marianne Hainisch deshalb einen Antrag »Zur Frage des Frauenunterrichtes« vor: »Die Frau soll zu jedem Beruf berechtigt sein«, forderte sie. Der Verein solle bei der Stadt um Parallelklassen für Mädchen an einem der Wiener Realgymnasien ersuchen oder um die Bewilligung zur Errichtung eines reinen Mädchengymnasiums. Der Antrag wurde einstimmig angenommen, doch Vereinsvorstand und staatliche Stellen reagierten letztlich ablehnend: »Sie waren, wie die große Mehrzahl der Bevölkerung, davon überzeugt, dass die Mädchen einen der Fraueneigenart angepassten eigenartigen Unterricht erhalten müssten«, schrieb Hainisch. Eine »höhere Mädchenschule«, über die letztlich beraten wurde, entsprach genau dem Gegenteil der Gleichberechtigung, die Hainisch hatte bezwecken wollen, denn nur die gymnasiale Ausbildung, wie sie den Buben zuteilwurde, berechtigte zum regulären Universitätsstudium. Da aber die meisten Universitätsprofessoren die Zulassung von Frauen an Hochschulen ablehnten, sprachen sie sich auch gegen Mädchengymnasien aus. »Damit begann für mich eine Leidenszeit, die zweiundzwanzig Jahre währte, bis ich der Eröffnung des ersten Mädchengymnasiums beiwohnen konnte«, so Hainisch. In ihrem Vortrag »Die Brotfrage der Frau« aus dem Jahr 1875 versuchte sie, die teils abstrusen Argumente gegen Frauen an Universitäten Punkt für Punkt zu widerlegen.

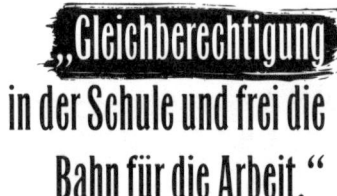

Die Frauenbewegung breitete sich damals zunehmend aus, immer mehr Frauen schlossen sich in Vereinen zusammen. Sie taten damit »einen ersten Schritt aus der Enge des Hauses in das öffentliche Leben«, wie Frauenrechtlerin Rosa Mayreder es ausdrückte. 1888 entstand der von Marie Boßhardt van Demerghel gegründete *Verein für erweiterte Frauenbildung*, der wie Marianne Hainisch die Errichtung von Knabengymnasien entsprechende Mädchenschulen anstrebte. Der Verein arbeitete eng mit Hainisch und dem 1893 gegründeten *Allgemeinen Österreichischen Frauenverein* zusammen, dem Auguste Fickert, Rosa Mayreder und Marie Lang vorstanden.

1890 legte der *Verein für erweiterte Frauenbildung* dem Abgeordnetenhaus eine Petition vor, die neben dem Zugang von Frauen zu Universitäten wiederholt die Unterstützung des Staates bei der Einrichtung eines Mädchengymnasiums forderte. Doch das Anliegen stieß beim Unterrichtsministerium auf taube Ohren. Hainisch und Boßhardt beschlossen deshalb, sich um Mittel zur Errichtung eines privaten Vereinsgymnasiums zu bemühen. Der Direktor des Wiener

Pädagogiums, Emanuel Hannak (später Direktor des Mädchengymnasiums), überließ ihnen dafür die Räumlichkeiten desselbigen in der Hegelgasse. Im Herbst 1892 wurde dort schließlich das erste Mädchengymnasium Österreichs eröffnet – allerdings unter dem aufgezwungenen Titel »Gymnasiale Mädchenschule«. 1910 übersiedelte die Schule in das Haus Rahlgasse 4 in Wien-Mariahilf, wo bis dahin die Schule des *Wiener Frauen-Erwerbvereins* untergebracht war. Es war die erste Schule des Landes, deren Abschluss Mädchen zum Universitätsstudium berechtigte. Doch scheinbar nicht für alle Mädchen hatte Hainisch das Gymnasium erkämpft:»Die Mittelschulen und Universitäten haben nur Mädchen von entschiedener Begabung zu betreten«, so ihre elitäre Auffassung, die der Einstellung des von ihr vertretenen gemäßigten Flügels der bürgerlichen Frauenbewegung entsprach.

1899 nahm Marianne Hainisch als österreichische Delegierte an der zweiten *Generalversammlung des Frauenweltbundes* und am *Frauenkongress* in London teil. Beflügelt kehrte sie zurück und gründete am 5. Mai 1902 den *Bund Österreichischer Frauenvereine* (BÖFV), dessen Präsidentin sie bis 1918 blieb. Als 1914 der Krieg ausbrach, folgte sie ihrer im selben Jahr verstorbenen Freundin Bertha von Suttner als Vorsitzende der BÖFV-Friedenskommission nach. Sie beteiligte sich an den Kämpfen um ein allgemeines Frauenwahlrecht und gründete 1929, mit bereits 90 Jahren, die Österreichische Frauenpartei. Ihr Sohn Michael Hainisch wurde 1920 zum ersten Bundespräsidenten der Republik Österreich gewählt. Auf

„Die Frau soll zu jedem Beruf berechtigt sein."

Anregung von Marianne Hainisch wurde 1924 der Muttertag in Österreich eingeführt. Bei allen fortschrittlichen Gedanken hielt die bürgerliche Frauenkämpferin doch stets an Ehe, Mutterschaft und Familie fest, ohne die bestehenden Geschlechterverhältnisse zu hinterfragen – in diesem Punkt blieb sie ein Kind ihrer Zeit.

ARBEITERINNEN.
DER
FIRMA
RAST & GASSER
WIEN·XVII.

OSWALD & C⁰

CLEICHE
PFLICHTEN
CLEICHE
RECHTE

Frauenwahlrechtsdemonstration
in Wien, 1911

Rosa MAYREDER

1858-1938

»Meine Tochter hat es nicht nötig, Geld zu verdienen.« So schroff reagierte Franz Obermayer, als er von seinem Schwiegersohn erfuhr, dass Rosa mehrere ihrer selbst gemalten Bilder verkauft hatte. Dem erfolgreichen und angesehenen Gastwirt, der dreizehn Kinder von zwei Frauen hatte, gehörte das »Winterbierhaus« an der Ecke Tuchlauben/Landskrongasse in Wien mitsamt dem fünfstöckigen Wohnhaus darüber. Rosa hatte es daher nie an etwas gefehlt – nur ausreichend Bildung, die vermisste sie. Sie verschlang alles Lesbare, beschäftigte sich mit Nietzsche und Schopenhauer, und der oberflächliche Unterricht in den Privatmädcheninstituten langweilte sie. Ihr zuliebe ließ der Deutschprofessor Logik und Psychologie in den Lehrplan einbauen, und der Vater erlaubte ihr die Teilnahme an den Griechisch- und Lateinstunden ihrer Brüder. Im Handarbeiten und Kochen hingegen versagte sie kläglich. Weil die Mutter besorgt war, dass Rosa sich zum »Blaustrumpf« – eine damals übliche, durchaus abwertende Bezeichnung für gebildete Frauen – entwickeln würde, wurde sie schon bald in ihre Schranken gewiesen. Nur dem Mann würde geistige Beschäftigung zustehen, »die Frau ist für den Mann da«, lautete eines der Prinzipien ihres Vaters. Schon früh prangerte Rosa die Ungerechtigkeit zwischen den Geschlechtern an: »Wenn meine Schwestern es als etwas Selbstverständliches hinnahmen, dass die Söhne der Familie in Hinsicht auf Bildungsmöglichkeiten die größte Bevorzugung genossen, so fühlte ich eine beständig wachsende Empörung darüber [...]« Als sie sich mit achtzehn Jahren weigerte, weiterhin das beengende Korsett zu tragen, erregte Rosa erneut den Unmut ihrer Umgebung. Schließlich akzeptierte die Familie jedoch kopfschüttelnd ihr Anderssein. »Meine geistige Entwicklung fällt in eine Zeit, in der die bürgerliche Familie noch völlig unter der Herrschaft unangetasteter Traditionen stand«, schrieb sie. »Die Auflehnung dagegen bildete im Bereich meines persönlichen Schicksals das entscheidende Erlebnis.«

Am 28. Juli 1881 heiratete Rosa den Architekten Karl Mayreder in der Wiener Peterskirche. Karl unterstützte Rosas Talente und Neigungen. Da sie als Mädchen an Kunstschulen nicht zugelassen wurde, erhielt sie schon früh privaten Malunterricht, den sie nach ihrer Heirat fortsetzte. 1891 zeigte sie ihre Bilder erstmals in einer Ausstellung im Wiener Künstlerhaus. 1910 gründete sie gemeinsam mit Olga Prager und Kurt Federn eine private Kunstschule für Frauen und Mädchen. Neben der Malerei entdeckte Rosa auch ihr Talent für die Schriftstellerei. Erste Erzählungen erschienen ab 1894 in Zeitschriften, zwei Jahre später dann ihr erster Novellenband »Aus meiner Jugend«, in dem sie die Scheinmoral der bürgerlichen Gesellschaft kritisiert.

Ende der 1880er Jahre lernte das Ehepaar Mayreder Edmund und Marie Lang kennen, zu deren Kreis die Theosophen Rudolf Steiner und Friedrich Eckstein zählten sowie der Komponist Hugo Wolf. Für ihn verfasste Rosa später das Libretto zu seiner Oper »Der Corregidor«, die im Juni 1896 in Mannheim uraufgeführt wurde. 1893 wurde Mayreder Mitglied im soeben gegründeten *Allgemeinen Österreichischen Frauenverein* (AÖFV). Dieser hatte unter anderem bessere Bildungs- und Berufschancen für Frauen, den Achtstundentag, das Frauenwahlrecht sowie den Einsatz für Frieden und gegen Prostitution als Ausbeutung von Frauen zum Ziel. Das damalige Verbot der politischen Betätigung für Frauen wusste man in der Vereinspraxis geschickt zu umgehen. Zu den Gründungsmitgliedern zählten auch Auguste Fickert und Marie Schwarz, die zuvor den Verein der Lehrerinnen und Erzieherinnen gegründet hatten. Wie Marianne Hainisch forderten sie den Zugang von Frauen zu allen Bildungseinrichtungen. Stand Hainisch für den gemäßigten Flügel der bürgerlichen Frauenbewegung, so vertraten die Mitglieder des AÖFV deren radikalen Zweig: Sie wollten nicht Symptome bekämpfen, sondern Ursachen. Am 24. Oktober 1893 wurde Rosa Mayreder neben Auguste Fickert zur Vizepräsidentin gewählt. Durch ihre Vermittlung kam Marie Lang zum Verein, und 1897 wurden alle drei Frauen Vorstandsmitglieder. Während Fickert in der organisatorischen Vereinsarbeit aufging, fühlte sich Mayreder mehr als Theoretikerin denn als Aktivistin. Ab März 1899 gaben die drei die Zeitschrift *Dokumente der Frauen* für die »freigesinnte, bürgerliche Frau« heraus. Hauptthemen waren Berufsmöglichkeiten und die Notwendigkeit einer Ausbildung für Frauen, berufliche Gleichstellung, aber auch Fragen des Rechts, der Politik und Erziehung. Nur wenige Monate später kam es wegen großer Meinungsverschiedenheiten zum Zerwürfnis zwischen den drei Redakteurinnen. Im Oktober 1899 reichten Mayreder und Fickert ihren Rücktritt als Herausgeberinnen ein. Marie Lang trat daraufhin aus dem Verein aus und führte die Zeitschrift bis zu deren Einstellung 1902 alleine weiter. Rosa Mayreder kehrte dem Verein im Februar 1903 den Rücken. Sie war mit der Leitung

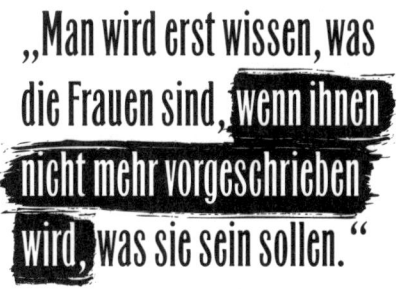

„Man wird erst wissen, was die Frauen sind, wenn ihnen nicht mehr vorgeschrieben wird, was sie sein sollen."

Auguste Fickerts nicht mehr zufrieden und musste einsehen, dass so manche Ideale der Anfangszeit durch die internen Spannungen und die Kleinarbeit des Vereinsalltags auf der Strecke geblieben waren. Sie wollte sich nun ganz der Schriftstellerei widmen.

Mayreders theoretische Schriften »Zur Kritik der Weiblichkeit« (1905) und »Geschlecht und Kultur« (1923) zählen heute zu den wichtigsten Werken der ersten Frauenbewegung. Anders als Marianne Hainisch brachte sie in ihren international verbreiteten Arbeiten ihre Forderung nach Veränderung der bestehenden patriarchalen Machtverhältnisse zwischen den Geschlechtern zum Ausdruck, die, wie Mayreder fortschrittlich bemerkte, nicht von der Natur, sondern von gesellschaftlichen Normen bestimmt sind: » Die lustbetonte Vorstellung ist nicht diejenige des Dienens auf der einen und des Herrschens auf der anderen Seite, sondern die Vorstellung der Gleichheit.« In ihren letzten Jahren widmete sich Rosa Mayreder neben dem Schreiben und der kräftezehrenden Pflege ihres psychisch kranken Mannes vor allem der Friedensarbeit. Sie war Mitglied der *Österreichischen Friedensgesellschaft* und der *Internationalen Frauenliga für Frieden und Freiheit*, hielt Vorträge, schrieb Beiträge und Essays und brachte mit Marianne Hainisch 1936 eine Friedensbroschüre für die Jugend heraus. Die große Theoretikerin starb am 19. Jänner 1938, zwei Monate vor Hitlers Einmarsch, in Wien an einem Schlaganfall.

Gertrude Guillaume-Schack
Clara Zetkin
Rosa Luxemburg

Die SOZIALISTINNEN

Ottilie Baader
Lily Braun
Luise Zietz
Alexandra Kollontai

In der Folge von Industrialisierung, veränderten Produktionsbedingungen und einer Verarmung des Proletariats im 19. Jahrhundert gingen zunehmend auch viele Frauen und Mädchen zur Arbeit in die Fabriken. Für die schwere, oft gesundheitsschädliche Arbeit erhielten sie wesentlich weniger Lohn als ihre männlichen Kollegen, waren der Willkür von Arbeitgebern ausgesetzt. Diese Ausbeutung der Frauen stieß sowohl in proletarischen als auch bürgerlichen Kreisen zunehmend auf Proteste. So gründete die aus einem wohlhabenden Hause stammende **Gertrude Guillaume-Schack** (1845–1903) Arbeiterinnenvereine, um deren Forderungen nach mehr Lohn und besseren Arbeitsbedingungen durchsetzen zu können; mehr noch: Sie sprach sich für die gesellschaftliche Gleichstellung der Frau aus. Durch ihr Engagement für die Arbeiterinnen kam sie in Kontakt mit Sozialdemokraten, bei denen allerdings die Hoffnung auf eine Gleichstellung der Frauen in allen Lebensbereichen zunächst auf ein enttäuschend geringes Echo, ja Ablehnung stieß. Noch 1863 hieß es in der Gründungsresolution des *Allgemeinen Deutschen Arbeitervereins* unter Ferdinand Lassalle (1825–1864), die Frau sorge für »die Reproduktion der Familie, versorge den Haushalt, ziehe die Kinder auf und biete dem Mann einen kompensatorischen Ausgleich für den Kampf um das tägliche Brot«. Ihr geringerer Verdienst machte die Frauen unfreiwillig zu »Lohndrückerinnen«, sodass Teile der Arbeiterbewegung, darunter die Gewerkschaften, für ein Verbot der Frauenarbeit eintraten. Die Frauen waren also gezwungen, an zwei Fronten kämpfen: gegen die alltägliche Unterdrückung in der Arbeitswelt und gegen die traditionellen Vorstellungen in der Arbeiterbewegung – letztlich auch gegen den eigenen Mann, der sie lieber am Herd als im Haus sehen wollte.

Rückendeckung erhielten sie vor allem von dem sozialdemokratischen Führer August Bebel (1840–1913), dessen Schrift »Die Frau und der Sozialismus« die theoretischen Grundlagen für ihren Kampf um Gleichberechtigung lieferte. Bebel kam darin zu dem Schluss, dass die Frauenfrage nur im Zusammenhang mit der sozialen Frage zu lösen ist, dass es keine Befreiung der Menschheit ohne die soziale Unabhängigkeit und Gleichheit der Geschlechter gibt. Auf Bebel berief sich **Clara Zetkin** (1857–1933) in ihrer Rede auf dem *Internationalen Arbeiterkongress* 1889, in der sie sich für die uneingeschränkte Erwerbstätigkeit als notwendige Voraussetzung der Frauenemanzipation einsetzte. Erst zwei Jahre später sprach sich die Mehrheit der Delegierten des *Erfurter Parteitags* der Sozialdemokraten für die Gleichberechtigung der Frauen als Teil sozialistischen Klassenkampfes aus.

Das eindeutige Bekenntnis der sozialistischen Frauen zum Klassenkampf und einer revolutionären Umgestaltung mit dem Ziel einer sozialistischen Gesellschaft, in der alle Menschen gleichberechtigt sind, führte schließlich zum Bruch mit der bürgerlichen Frauenbewegung. Nach heftig geführten Diskussionen über die Aufnahmebedingungen für den 1894 gegründeten *Bund Deutscher Frauenvereine* (BDF) einigten sich die Initiatorinnen um **Auguste Schmidt** (1833–1902) und **Helene Lange** (1848–1930) darauf, dass nur Arbeiterinnenvereine, die eine Verbesserung ihrer Situation innerhalb der bestehenden Gesellschaftsform erstrebten, willkommen seien. Die sozialdemokratischen Frauen wurden daher nicht aufgenommen. Für Politikerinnen wie Clara Zetkin und **Rosa Luxemburg** (1871–1919) kam dies keineswegs überraschend, denn auch sie hatten sich längst von der bürgerlichen Frauenbewegung distanziert, da deren Kampf gegen die Männer nichts an der kapitalistischen Unterdrückung – sowohl der Männer als auch der Frauen – ändern würde.

Als es in der Folgezeit vereinzelt dennoch zur Zusammenarbeit von Frauen beider Strömungen kam – etwa wenn es um die Forderung nach einem Arbeiterinnenschutzgesetz wie bei **Henriette Fürth** (1861–1936) ging oder auch um den Kontakt **Lily Brauns** (1865–1916) zur bürgerlichen Stimmrechtsbewegung – waren diese letztlich der Kritik aus beiden Lagern ausgesetzt.

In einem Gasthof in Bendlikon bei Zürich,1893: (v.l.n.r.) Ferdinand Simon, Frieda Simon-Bebel, Clara Zetkin, Friedrich Engels, Julie Bebel, August Bebel, Ernst Schatter, Regine Bernstein.

Mit dem Erstarken der Sozialdemokratie nach 1900 wuchs auch die sozialistische Frauenbewegung, die nach Aufhebung des Reichsvereinsgesetzes von 1850 im Jahr 1908 in die SPD integriert werden konnte. **Luise Zietz** (1865–1922) wurde als erste deutsche Frau Vorstandsmitglied einer politischen Partei.

1907 berief **Ottilie Baader** (1847–1925) als Vertrauensperson der sozialdemokratischen Frauen Deutschlands die erste *Internationale Konferenz Sozialistischer Frauen* nach Stuttgart ein. Zu den achtundfünfzig Delegierten aus fünfzehn Ländern gehörte auch **Hilja Parssinen** (1876–1935) aus Finnland, die erste Parlamentsabgeordnete in ihren Reihen; die Finninnen hatten bereits 1906 das Stimmrecht erhalten. Eine weitere Delegierte war die Russin **Alexandra Kollontai** (1872–1952). Sie berichtete von den unterschiedlichen Haltungen der sozialistischen Frauen gegenüber der Wahlrechtsforderung: Setzten sich die einen sich für das sofortige allgemeine und gleiche Wahlrecht ein, hielten es die anderen für taktisch klüger, zunächst das allgemeine Wahlrecht für die Männer zu erkämpfen – in Europa herrschte überwiegend noch das vom Steueraufkommen abhängige Wahlrecht – und in einem zweiten Schritt das der Frauen. Clara Zetkins Resolution, nach der sich die sozialistischen Parteien aller Länder für die Einführung des uneingeschränkten allgemeinen Wahlrechts einsetzen und gemeinsame Aktionen dafür entwickeln, wurde schließlich gegen elf Stimmen der

Gruppenfoto der sozialistischen Frauen auf der Zweiten Internationale – dem Internationalen Sozialistenkongress vom 18.–24. August 1907 in Stuttgart.

Österreicherinnen, Schweizerinnen und Engländerinnen verabschiedet. Mehr Einigkeit zeigten die Delegierten des *Zweiten Internationalen
Sozialistischen Frauenkonferenz* 1910 in Kopenhagen, wo alle hundert
Delegierte aus siebzehn Nationen für die Durchführung eines *Internationalen Frauentages* stimmten, der »in erster Linie der Agitation für
das Frauenwahlrecht« dienen sollte. Unter der Losung »Heraus mit dem
Frauenwahlrecht« gingen am 19. März 1911 über eine Millionen Frauen
in Deutschland, den USA, in der Schweiz, in Dänemark sowie Österreich auf die Straße und forderten für alle Frauen soziale, ökonomische
und politische Gleichberechtigung.

Alexandra Kollontai
setzte sich in ihrer
politischen Arbeit
auch für bessere
Bedingungen für
Arbeiterinnen und
deren Kinder ein.

Gertrude
GUILLAUME-SCHACK
1845-1903

Als Gertrude Gräfin Schack von Wittenau 1845 auf dem Rittergut ihres Vaters im schlesischen Uschütz geboren wurde, ahnte kaum jemand, dass die wohlbehütete Tochter der Schacks später zu den Begründerinnen des Feminismus in Deutschland gehören könnte. Berichtet aber wurde von einem liebevollen Vater, dessen Erziehung zu einem wachen und aufmerksamen Blick der Tochter auf die umgebende – auch soziale – Welt beitrug.

So wird Gertrude sicher schon während ihrer Kindheit und frühen Jugend das Leid der armen Leute wahrgenommen haben in einem Schlesien, das Mitte des 19. Jahrhunderts zu ärmsten Gegenden Preußens zählte. Auch nach dem Weberaufstand von 1844 war das Land deshalb noch von sozialen Unruhen geprägt. Auf einer Reise in die Schweiz lernte Gertrude Schack im Jahr 1870 den jungen Schweizer Künstler Édouard Guillaume kennen, einen Bruder des Anarchisten und Schriftstellers James Guillaume. 1877 heirateten Gertrude und Édouard in Les Verrierères, Kanton Neuchâtel, und zogen bald darauf nach Paris. Die Beziehung jedoch stand unter keinem guten Stern, schon zwei Jahre darauf trennte sich Gertrude Guillaume-Schack von ihrem Mann und kehrte nach Deutschland zurück.

Die vielleicht nicht so glücklichen zwei Ehejahre in Paris waren für Gertrude Guillaume-Schack dennoch von großer Bedeutung und bestimmend für ihr weiteres Leben. Hier kam sie mit dem 1875 von Josephine Butler (1828–1906) initiierten *Britischen kontinentalen und*

Zeichnung nach einem Foto Gertrude Guillaume-Schacks

allgemeinen Bund zur Bekämpfung des staatlich regulierten Lasters – später *Internationale Abolitionistische Föderation* – in Berührung. Die englische Sozialreformerin startete schon 1869 eine Kampagne gegen die britischen *Contagious Diseases Acts* (Gesetze gegen ansteckende Krankheiten), die Polizisten das Recht einräumten, Frauen und Mädchen, die scheinbar oder tatsächlich der Prostitution nachgingen, aufzugreifen, zu internieren und sie untersuchen zu lassen. Den Gesetzen zufolge wurden allein die Frauen für die Ausbreitung von Geschlechtskrankheiten verantwortlich gemacht. Josephine Butler attackierte vor allem die Doppelmoral der Erlasse und setzte sich für bessere Beschäftigungsmöglichkeiten für Frauen ein, um ihnen Alternativen zur Prostitution zu bieten. Die *Contagious Diseases Acts* wurden dank ihres Engagements 1886 vollständig aufgehoben. Ein Jahr zuvor hatte sie übrigens die Heraufsetzung des Ehemündigkeitsalters in Großbritannien von dreizehn auf sechzehn Jahre erreicht.

Wieder in Deutschland, gründete Gertrude Guillaume nach dem Vorbild der *Internationalen Abolitionistischen Föderation* 1880 im schlesischen Beuthen den *Kulturbund zur Abschaffung der behördlich konzessionierten Prostitution*. Auch in Deutschland hatte die sogenannte Sittenpolizei freie Hand im Umgang mit verdächtigen »Weibspersonen«. In den Folgejahren wandte sich Guillaume-Schack landesweit gegen Doppelmoral und die Kriminalisierung der Prostituierten. Sie bereiste viele deutsche Städte und referierte auf öffentlichen Versammlungen über Prostitution, Sexualität und sittenwidriges Handeln. Ihre damit verbundenen Angriffe auf den Staat und die Sittenpolizei führten mehrmals zu Auflösungen der Versammlungen und nach einer Veranstaltung im Darmstädter Frauenverein *Sonntagsruhe* zu einem Prozess. Aufgrund des seit 1878 bestehenden Sozialistengesetzes in Deutschland und der damit einhergehenden Verschärfung der Vereinsgesetze war dies möglich. In dem Prozess ging es weniger um Prostitution, sondern, wie es der Staatsanwalt formulierte, um weibliche Aufmüpfigkeit gegen den Staat: »An einer Stelle leuchtet auch der Pferdefuß hervor, da wird von Gleichberechtigung der Geschlechter in Bezug auf die unehelichen Kinder gesprochen [...], als sollte darauf gewirkt werden, die bisherige gesellschaftliche Ordnung zu untergraben.«

Gertrude Guillaume-Schack wurde jedoch freigesprochen und ließ sich vorerst nicht in ihrer Mission beirren. Noch im selben Jahr gründete sie Zweigvereine des *Kulturbundes* in Hannover und Berlin. In ihre Arbeit bezog sie zunehmend die Probleme von Arbeiterinnen mit ein, machte aufmerksam auf den Zusammenhang von Armut und

Prostitution, so auch in der Reichstagspetition, die der Berliner Verein verabschiedete, worin es unter anderem hieß: »Indem die Gewalt der Sittenpolizei nur den Frauen gegenüber zu vollem Ausdruck kommt, die gezwungen sind, sich ihr Brot zu erwerben, und nicht durch zufällige äußere Verhältnisse geschützt werden, schafft sie nicht nur einen Unterschied der Geschlechter, sondern auch der verschiedenen Klassen vor dem Gesetz.«

Die Beschäftigung mit der sozialen Lage der Arbeiterinnen, denen sie sich nun verstärkt widmete, führte Gertrude Guillaume-Schack schließlich zu einer Zusammenarbeit mit

„Die Interessen der beiden Geschlechter gehen im Arbeiterstande Hand in Hand, während die Bourgeoisie ihren Frauen eine Ausnahmestellung anweist."

den Sozialdemokraten. Als der Reichstag über die Einführung eines Nähgarnzolls verhandelte, der für unzählige Näherinnen eine Existenzbedrohung darstellte, organisierte sie Protestversammlungen und formulierte erneut eine Petition, die mit Tausenden von Unterschriften unterstützt wurde. 1885 initiierte Guillaume-Schack die Bildung des *Vereins zur Vertretung der Arbeiterinnen*, zu dessen Führung auch Emma Ihrer (1857–1911) gehörte, eine spätere Kampfgefährtin Clara Zetkins. Weitere Zusammenschlüsse von Arbeiterinnen unter dem gleichen Vereinsnamen entstanden auch in St. Gallen, Winterthur, Zürich, Bern und Basel.

Gertrude Guillaume-Schack begleitete ihr soziales und politisches Engagement auch durch eigene publizistische Arbeit. Zahlreiche Artikel veröffentlichte sie in sozialdemokratischen Blättern, und 1885 begann sie in Offenbach mit der Herausgabe einer sozialistisch orientierten Frauenzeitung unter dem Titel »Die Staatsbürgerin«. Doch schon nach einem halben Jahr musste die Zeitschrift wegen »Aufreizung zum Klassenhass« ihr Erscheinen einstellen, und Guillaume-Schack geriet in die Mühlen von Polizei und Justiz. Ihr konnten mehrere Verstöße gegen das Sozialistengesetz nachgewiesen werden, woraufhin 1886 der *Arbeiterinnenverein* in Deutschland verboten, Versammlungen untersagt und Gertrude Guillaume-Schack – gern als »weiblicher Ferdinand Lassalle« und »Sozialdemokratie im Unterrrock« in die Schlagzeilen gebracht – des Landes verwiesen wurden. Ihr Heimatrecht hatte sie durch die Heirat mit einem Schweizer verloren.

Gertrude Guillaume-Schack ging nach England, doch gelang es ihr dort nicht, mit der gleichen Intensität in der sozialistischen Bewegung

„Es gibt nur eine gesunde Grundlage, auf der die Zukunft aufgebaut werden kann, und das ist die strenge Durchführung der Gleichberechtigung von Mann und Frau."

wirksam zu werden wie auf dem Kontinent. Friedrich Engels diffamierte sie als Anarchistin und bezeichnete ihre Arbeiterinnenvereine in einem Brief an August Bebel als »Bourgeoisiespielerei«. In ihrer politischen Arbeit wandte sie sich fortan der sozialistisch revolutionären *Socialist League* und anderen radikalen Gruppierungen zu, wurde aber in ihren letzten Lebensjahren Mitglied der theosophischen Bewegung. Im Alter von 58 Jahren starb sie 1903 zurückgezogen im englischen Surbiton. Die deutsche Frauenrechtlerin Minna Cauer (1841–1922), die Gertrude Guillaume-Schack auf 1899 dem Internationalen Frauenkongress in London begegnet war, schrieb in einem Nachruf über sie: »Wer sie, wie wir während des Londoner Kongresses auf dem Podium hat stehen sehen, in lebhafter, hinreißender, fast jugendlicher Begeisterung flammende Worte der lauschenden Menge zurufend, der kann diese Frau nicht vergessen, der kann begreifen, dass sie [...] gegen alles Halbe, Unklare und Schwankende zu Felde zog.«

Die britischen Suffragetten Despard, Miller, Holmes, Murby und Billington-Greig rufen zu einer Demonstration am 4. Januar 1908 in London auf.

Clara ZETKIN

1857-1933

»*Wie der Arbeiter vom Kapitalisten unterjocht wird, so die Frau vom Manne; und sie wird unterjocht bleiben, solange sie nicht wirtschaftlich unabhängig dasteht. Die unerlässliche Bedingung für diese ihre wirtschaftliche Unabhängigkeit ist die Arbeit.*« Mit einem Referat über die Frauenfrage, aus dem dieses Zitat stammt, trat Clara Zetkin auf dem *Internationalen Arbeiterkongress* 1889 in Paris das erste Mal vor ein größeres Auditorium. Sie erörterte den grundsätzlichen Zusammenhang zwischen der Frauenfrage und der sozialen Frage, und von den vierhundert Delegierten, unter denen sich lediglich fünf Frauen befanden, forderte sie, sich für das Recht der Frauen auf Erwerbsarbeit und ökonomische Sicherheit einzusetzen. Das war durchaus keine Selbstverständlichkeit, denn viele Sozialisten standen der Berufstätigkeit von Frauen ablehnend gegenüber, betrachteten Frauen als »Schmutzkonkurrentinnen« und »Lohndrückerinnen«, die faktisch das Elend der Proletarierfamilien verstärkten. Darüber hinaus wollten einige der Genossen ihre Frauen doch lieber am hauseigenen Herd sehen.

Clara Zetkins Rede fand unter dem Titel »Die Arbeiterinnen- und die Frauenfrage der Gegenwart« den Weg in die Öffentlichkeit. Mit ihrer darin vertretene These, dass jede Klasse ihre eigene Frauenfrage habe, wurde diese Schrift zur Grundlage der Frauenemanzipationstheorie der Sozialdemokraten.

Die Lehrertochter Clara Eißner war mit der bürgerlichen Frauenbewegung und den Sozialisten schon in jungen Jahren in Berührung

Porträtaufnahme Clara Zetkins aus dem Jahr 1912

„Die Emanzipation der Frau wie die des ganzen Menschengeschlechtes wird ausschließlich das Werk der Emanzipation der Arbeit vom Kapital sein. "

gekommen. Als sie fünfzehn war, zog ihre Familie aus dem erzgebirgischen Heimarbeiterdorf Wiederau nach Leipzig, wo ihre Mutter Josephine Kontakt zum *Allgemeinen Deutschen Frauenverein* (ADF) aufgenommen hatte. Clara besuchte das Lehrerinnenseminar der Auguste Schmidt (1833–1902). Von ihr und Louise Otto-Peters, die gemeinsam dem ADF vorstanden, wurde die begabte Schülerin des Öfteren zu Tee- und Diskutiernachmittagen eingeladen. Zur gleichen Zeit lernte Clara in einem Zirkel russischer Studenten Ossip Zetkin kennen, für dessen sozialistische Ideen sie sich begeisterte. Nach einer Zwischenstation in Zürich, wo sie an der illegalen Zeitschrift »Der Sozialdemokrat« mitarbeitete, folgte sie dem aufgrund des Bismarck'schen Sozialistengesetzes (1878–1890) ausgewiesenen Zetkin 1882 nach Paris. Clara nahm seinen Namen an, obwohl sie nicht heirateten – sie wollte ihre deutsche Staatsangehörigkeit nicht verlieren.

Das Paar widmete sich auch in Paris der politischen Arbeit, ihren Lebensunterhalt bestritten sie mit dem Schreiben von Artikeln sowie Übersetzungen. Das verdiente Geld reichte jedoch kaum für das alltägliche Dasein. 1889 starb Ossip Zetkin nach schwerer Krankheit. Ein Jahr darauf zog Clara Zetkin mit ihren beiden Söhnen Maxim und Konstantin wieder nach Deutschland und ließ sich in Stuttgart nieder. 1899 ging sie erneut einen für die damalige Gesellschaft ungewöhnlichen Schritt, als sie, zweiundvierzigjährig, den vierundzwanzigjährigen Maler Friedrich Zundel heiratete.

Nach ihrer Rückkehr aus Paris besserte sich ihre finanzielle Situation endlich, als die SPD-Parteiführung ihr 1892 die Redaktion der Zeitschrift »Die Gleichheit« antrug. Unter ihrer Leitung entwickelte sich die »Zeitschrift für die Interessen der Arbeiterinnen« zum wegweisenden publizistischen Organ der proletarischen Frauen mit hohen Auflagen. Clara Zetkin selbst wurde durch diese publizistische Tätigkeit – und durch ihre rhetorische Begabung – zur Leitfigur und zum Zentrum der proletarischen Frauenbewegung auf nationaler und internationaler Ebene.

Auf dem Erfurter Parteitag der Sozialdemokraten 1891 gelang es ihr, die Mehrheit der Genossen davon zu überzeugen, dass ein allgemeines und gleiches Wahlrecht auch die Frauen einschließen müsse –

obwohl sie selbst das Wahlrecht für Proletarierinnen nicht zum höchsten Ziel ihrer politischen Arbeit erklärte und es nicht als Beitrag »zum Kampf gegen die Männerwelt ihrer Klasse« missverstanden wissen wollte. Vielmehr sah sie darin ein Mittel zum Kampf gegen den Kapitalismus. Ein Bündnis mit der bürgerlichen Frauenbewegung kam für Clara Zetkin aus diesem Grund nicht infrage, da diese »Bourgeoisiedamen«, diese »humanitätstrunkene Allerweltsbasenschaft«, das »große und verwickelte Problem der Frauenbefreiung nicht in seinen vielverzweigten sozialen Zusammenhängen erfassen, vielmehr aus den Interessen der bürgerlichen Gesellschaft betrachten«.

Dem *Weltkongress der bürgerlichen Frauenbewegung*, der 1904 vom *Bund Deutscher Frauenvereine* unter der Leitung von Marie Stritt in Berlin ausgerichtet wurde, blieben die Sozialistinnen dann auch fern. Diese hingegen trafen sich 1907 in Stuttgart zur *I. Internationalen Sozialistischen Frauenkonferenz*, auf der Clara Zetkin zur Leiterin des neu gegründeten *Internationalen Frauensekretariats* bestimmt wurde. Auf der Folgekonferenz 1910 in Kopenhagen initiierte sie mit dem *Internationalen Frauentag* einen *Kampftag für Gleichberechtigung, Demokratie, Frieden und Sozialismus*, der am 19. März 1911 unter dem Motto »Heraus mit dem Frauenwahlrecht!« erstmals begangen wurde. Mehr als eine Million Frauen gingen an diesem Tag in Europa auf die Straße, um ihre Rechte einzufordern.

Im März 1915, ein Jahr nach Beginn des Ersten Weltkriegs, rief Zetkin die sozialistischen Frauen Europas zur Teilnahme an der *Internationalen sozialistischen Friedenskonferenz* in Bern auf. Damit stellte sie sich offen auf die Seite der radikalen Kriegsgegner um Rosa Luxemburg und Karl Liebknecht, womit sie gegen die sogenannte Burgfriedenpolitik der SPD-Führung opponierte. Diese entzog 1917 Clara Zetkin die Leitung der »Gleichheit«. Für die leidenschaftliche Sozialistin war dies ein harter Schlag, hatte sie doch in den vergangenen 25 Jahren das Blatt mit all ihren Kräften zu einer der populärsten sozialistischen Zeitschrift machen können. Dem internen Richtungsstreit in der SPD folgte im selben Jahr die Abspaltung des linken Flügels, aus dem nach Kriegsende die Kommunistische Partei (KPD) hervorging. Als Abgeordnete der KPD im Reichstag, dem sie von 1920 bis 1933 angehörte, setzte Clara Zetkin ihre politische Arbeit in den Zwanzigerjahren fort. Nach der Machtübernahme der Nationalsozialisten 1933 emigrierte Clara Zetkin in die Sowjetunion, wo sie mehrere Monate später im Alter von 75 Jahren starb.

Der Student und das Weib (1899)

von Clara Zetkin

Durch unsere Zeit rauscht die Flutwelle einer gewaltigen Sehnsucht, der Sehnsucht nach dem Erblühen und Ausleben der freien, starken Persönlichkeit. Es kämpft der Mensch für die Erringung seines freien Menschentums. Diese Flutwelle der großen Sehnsucht hat mit unwiderstehlicher Gewalt auch das weibliche Geschlecht ergriffen. Später als der Mann ist das Weib zum Bewußtsein seiner Persönlichkeit erwacht. Erklärlich genug. Die Frau war durch ihre Existenzbedingungen länger als der Mann an eine Gemeinsamkeit gebunden, an die Familie.

Innerhalb dieser Gemeinsamkeit aber fand sie nicht bloß des Lebens Unterhalt, sondern auch des Lebens Inhalt. In der Folge mußte sie sich länger in erste Linie nur als Mitglied einer Gemeinsamkeit fühlen und nicht als Persönlichkeit.

In unseren Tagen ist dem anders geworden. Die wirtschaftstechnischen Umwälzungen lösen die Frau mit ihrem Tun und Sein mehr und mehr von der Gemeinsamkeit der Familie los und drängen sie zum Kampf ums Dasein in die Welt. Mehr und mehr lernt sie nun dort sich als eigene Persönlichkeit finden. In schweren Konflikten des Geistes, des Herzens, der Pflichten fragt sie sich: Wer bin ich? Was vermag ich? Was soll ich?

Die moderne Frauenbewegung ist nach ihrer ethisch-psychologischen Seite hin der Ausdruck für das Ringen der Frau nach der Entfaltung und dem Ausleben der Persönlichkeit. Naturgemäß mußte diese Bewegung einsetzen mit einer Rebellion, einem Auflehnen gegen die Gemeinsamkeit, als deren Glied die Frau vor allem in Betracht kam, mit der Rebellion gegen die Familie. Im Zeichen der Unterordnung unter die Familie hatte die Entwickelung und das Leben der Frau bisher gestanden. Loslösung der Frau von der Familie war deshalb die Grundlage für die soziale Umwertung der Frau, für ihr Gewertetsein als freie Persönlichkeit. [...]

Zwei Forderungen stehen im Mittelpunkt der frauenrechtlerischen Kampfziele:
– die Forderung: freie Bildung und Berufstätigkeit,
und die andere:
– volle politische Gleichberechtigung.
Die freie Berufstätigkeit ist die Grundlage für die wirtschaftliche Unabhängigkeit der Frau vom Manne und der Familie; sie ist mithin

die Grundlage für die soziale Gleichberechtigung des weiblichen Geschlechts. Die politische Gleichberechtigung der Frau ist das Mittel auf dem Wege der Gesetzgebung alle sozialen Schranken zu beseitigen, welche zu Gunsten der Herrscherstellung des Mannes die weibliche Entwickelungs- und Betätigungsfreiheit hemmen.

Wie stellt sich nun die Welt der Studierenden und Studierten zu dem Ringen der Frau um freies Vollmenschentum, zu dem dadurch bedingten frauenrechtlerischen Kampf?

Im großen Ganzen bringt sie den aufgerollten Fragen keine unbefangene, geschichtliche Würdigung entgegen. Sie beurteilt dieselben nicht mit der sicheren Ruhe wahrer Wissenschaftlichkeit, welche die geschichtlich treibenden Kräfte erfaßt, die geschichtlichen Zusammenhänge klar sieht und in der Folge sowohl die Berechtigung, ja Notwendigkeit einer sozialen Bewegung erkennt, wie ihren Charakter und ihr Ziel. In der Bewertung des Strebens der Frau nach vorwärts und

(Abbildung: Clara Zetkin und Rosa Luxemburg auf dem Weg zum SPD-Parteitag, 18.–24. September 1910 in Magdeburg.)

aufwärts, nach den sozialen Vorbedingungen der freien, starken Weib-persönlichkeit offenbart sich im allgemeinen ein anders: der Dünkel zünftiger Gelehrsamkeit, die Beschränktheit altersgrauen Vorurteils; die nicht belehrtsein wollende Verständnisunsinnigkeit des Egoismus und vor allem die Konkurrenzfurcht.

In Beurteilung der Frauenfrage erweisen sich die Gebildeten, die Studierten, denen alle Bildungsmittel zur Verfügung stehen, als weit rückständiger, zopfgeschmückter und engherziger wie die Proletarier, welche von der heutigen Gesellschaft als Arme und Ungebildete ver-worfen werden, die aber der Eckstein geworden sind, auf dem sich die neue, höhere soziale Ordnung aufbaut. Soweit die Arbeiterwelt klas-senbewußt, geschichtlich denkt, begrüßt sie in der nach Befreiung ringenden Frau die gleichwertige, gleichberechtigte Mitarbeiterin und Mitkämpferin auf allen Gebieten des sozialen Lebens. Die Welt der Studierenden und Studierten dagegen schließt sich gegen die bildungs-sehnsüchtige, nach tieferem, reicherem Lebensinhalt verlangende Frau als gegen die Konkurrentin ab; sie verurteilt sie als Verschrobene, wohl gar moralisch Schiffbrüchige, als Pflichtvergessene, die sich über die ihr gezogenen Schranken hinwegsetzt; in ihrem Streben sieht sie eine Schä-digung der Kultur und nicht eine Bereicherung derselben. [...]

Amerikanische Suffragette um 1920:
Women! Use your vote – Frauen! Nutzt Eure Stimme.

Rosa LUXEMBURG

1871–1919

Bereits auf dem Mädchengymnasium in Warschau hat sich die aus einer wohlhabenden polnischen Familie stammende Rosa für sozialistische Ideen begeistert, denn schon früh schärften sich ihre Sinne für die Unterdrückung des einfachen Volkes im Russischen Zarenreich, zu dem damals auch Ostpolen und Warschau gehörten. Als Jüdin und infolge eines Hüftschadens gehbehindert hat sie früh lernen müssen, sich gegen die Vorurteile ihrer Umwelt durchzusetzen – und das gelingt ihr durch ihre bemerkenswerte, später von einem Kommilitonen beschriebene Intelligenz: »Auf den ersten Blick machte sie keinen erfreulichen Eindruck. Aber es dauerte nicht lange, und man sah eine Frau, die vor Leben und Geist barst und mit einem bemerkenswerten Intellekt ausgestattet war.«

Durch ihre Mitarbeit in der illegalen polnischen Arbeiterpartei von der Verhaftung bedroht, geht Rosa Luxemburg nach dem Abitur ins schweizerische Exil, studiert Philosophie, Geschichtswissenschaft, Politik, Ökonomie, Politik und promoviert 1897 mit summa cum laude. Zürich ist zu jener Zeit der Ort, an dem viele der in Russland und Polen verfolgten Sozialisten zusammentreffen. Die Begegnung und die Diskussionen mit den bedeutenden Sozialistenführern ihrer Zeit bestärken Rosa in der Überzeugung, die Welt besser machen zu können. Fortan widmet sie sich ausschließlich der Politik. Dabei wird der polnische Revolutionär Leo Jogiches ihr Partner und Mitstreiter, wenn auch ihre Liebe nicht ohne Krisen und Trennungen verläuft. 1898 geht Rosa nach

Berlin, um in der SPD tätig zu werden. Jogiches zögert einen Umzug hinaus – bis Rosa, von Jogiches nach schweren inneren Kämpfen schließlich getrennt, sich neu verliebt. Kostja, der einundzwanzigjährige Sohn Clara Zetkins, gibt der Sechsunddreißigjährigen durch seine Liebe eine Unbeschwertheit zurück, die sie in vollen Zügen genießt, wenn auch Jogiches immer ihr wichtigster Gefährte in der politischen Arbeit bleibt.

Die Frauenfrage, der sich ihre Freundin Clara Zetkin in ihrer politischen Arbeit widmet, spielt für Rosa Luxemburg zu keiner Zeit eine vordergründige Rolle. Als Theoretikerin und politische Aktivistin der sozialistischen Bewegung versteht sie die rechtliche Gleichstellung der Frau immer nur als Teil des Klassenkampfes. In ihrer 1912 erscheinenden Schrift »Frauenwahlrecht und Klassenkampf« schreibt sie:»Um das Frauenwahlrecht handelt es sich als Ziel, aber die Massenbewegung ist nicht Frauensache allein, sondern gemeinsame Klassenangelegenheit der Frauen und Männer des Proletariats. Denn die Rechtlosigkeit der Frau ist heute in Deutschland nur ein Glied in der Kette der Reaktion [...] Für den heutigen Staat handelt es sich in Wirklichkeit darum, den arbeitenden Frauen und ihnen allein das Wahlrecht vorzuenthalten. Von ihnen befürchtet er mit Recht die Gefährdung aller althergebrachten Einrichtungen der Klassenherrschaft, so des Militarismus, dessen Todfeindin jede denkende Proletarierin sein muss.« Und sie äußert darin auch ihr großes Misstrauen gegenüber bürgerlichen Frauen, die sich im Kampfe gegen die Vorrechte »wie Löwinnen« gebärdeten. Sie würden, so die Ansicht Rosa Luxemburgs, im Besitz des Wahlrechts »wie fromme Lämmlein mit dem Tross der konservativen und klerikalen Reaktion« gehen.

> „Die Proletarierin braucht politische Rechte, weil sie dieselbe wirtschaftliche Funktion in der Gesellschaft ausübt, ebenso für das Kapital rackert, ebenso den Staat erhält, ebenso von ihm ausgesogen und niedergehalten wird wie der männliche Proletarier."

Als mit dem Ausbruch des Ersten Weltkriegs die Reichstagsfraktion der SPD für die Kriegskredite stimmt, kann Rosa Luxemburg sich damit nicht abfinden. Gleich am nächsten Tag gründet sie mit weiteren sechs Vertretern der SPD-Linken die *Gruppe Internationale*, der sich auch Karl Liebknecht anschließt, und die sich ab 1916 *Spartakusgruppe* nennt. Gemeinsam versuchen sie, ihre Partei zur Abkehr von der Burgfriedenpolitik zu bewegen und planen einen internationalen Generalstreik für den Frieden, in der Hoffnung, so einer länderübergreifenden proletarischen Revolution näherzukommen und dem imperialistischen Krieg ein Ende zu machen. Eine Illusion, wie sich schnell herausstellt. Dennoch verfolgt Rosa gemeinsam mit Karl Liebknecht ihre konsequent klassenkämpferische Haltung und versäumt keine Gelegenheit, auf Kundgebungen und Versammlungen öffentlich gegen den Krieg aufzutreten und in der Presse dagegen anzuschreiben – was sie schließlich für mehrere Jahre hinter Gitter bringt.

Nachdem Rosa Luxemburg während der Novemberrevolution 1918 aus dem Gefängnis in Breslau entlassen wird, eilt sie umgehend nach Berlin. Gemeinsam mit Karl Liebknecht gibt sie die Zeitung »Die Rote Fahne« heraus, um täglich auf das revolutionäre Geschehen Einfluss zu nehmen. Als der von Revolutionären und Regierung bestimmte *Rat der Volksbeauftragten* unter Führung des SPD-Politikers Friedrich Ebert die Reichswehr gegen die weiterhin aufständischen linken Spartakisten schickt, trennen sich diese endgültig von der SPD und gründen am 1. Januar 1919 die *Kommunistische Partei* (KPD) mit Rosa Luxemburg und Karl Liebknecht an der Spitze. Im Januar brechen erneut Kämpfe aus, woraufhin eine wahre Hetzjagd rechter Gruppierungen der Reichswehr auf sie einsetzt. Täglich wechseln Rosa Luxemburg und Karl Liebknecht ihren Aufenthaltsort, werden aber am 15. Januar in einer Wohnung in Berlin-Wilmersdorf aufgespürt, festgenommen und ins Hotel Eden gebracht, in das Hauptquartier der Garde-Kavallerie-Schützen-Division. Tags darauf heißt es offiziell, Rosa Luxemburg sei während des Transports ins Gefängnis von der aufgebrachten Menge erschlagen worden. Die Leiche Rosa Luxemburgs findet man erst am 31. Mai 1919. Am 13. Juni wird sie auf dem Friedhof in Berlin-Friedrichsfelde beigesetzt, dort wo schon Karl Liebknecht und weitere im Januar Erschossene begraben liegen. Die Abschiedsworte spricht Clara Zetkin.

„Für die besitzende bürgerliche Frau ist ihr Haus die Welt. Für die Proletarierin ist die ganze Welt ihr Haus, die Welt mit ihrem Leid und ihrer Freude, mit ihrer kalten Grausamkeit und ihrer rauen Größe."

Frauenwahlrecht und Klassenkampf (1912)

von Rosa Luxemburg

»Warum gibt es in Deutschland keine Arbeiterinnenvereine? Warum hört man so wenig von der Arbeiterinnenbewegung?« Mit diesen Worten leitete eine der Gründerinnen der proletarischen Frauenbewegung in Deutschland, Emma Ihrer, im Jahre 1898 ihre Schrift ein: »Die Arbeiterinnen im Klassenkampf.« Kaum vierzehn Jahre sind seitdem verflossen, und heute ist die proletarische Frauenbewegung in Deutschland mächtig entfaltet. Mehr als hundertfünfzigtausend gewerkschaftlich organisierte Arbeiterinnen bilden mit die Kerntruppen des wirtschaftlich kämpfenden Proletariats. Viele Zehntausende politisch organisierter Frauen sind um das Banner der Sozialdemokratie geschart: das sozialdemokratische Frauenorgan zählt über hunderttausend Abonnenten; die Forderung des Frauenwahlrechts steht auf der Tagesordnung des politischen Lebens der Sozialdemokratie.

Manch einer könnte gerade aus diesen Tatsachen heraus die Bedeutung des Kampfes um das Frauenwahlrecht unterschätzen. Er könnte denken: auch ohne die politische Gleichberechtigung des weiblichen Geschlechts haben wir glänzende Fortschritte in der Aufklärung und Organisierung der Frauen erzielt, das Frauenwahlrecht ist wohl auch weiterhin keine dringende Notwendigkeit. Doch wer so denkt, unterliegt einer Täuschung.

Die großartige politische und gewerkschaftliche Aufrüttelung der Massen des weiblichen Proletariats in den letzten anderthalb Jahrzehnten ist nur deshalb möglich geworden, weil die Frauen des arbeitenden Volkes trotz ihrer Entrechtung am politischen Leben und an den parlamentarischen Kämpfen ihrer Klasse den regsten Anteil nehmen. Die Proletarierinnen zehren bis jetzt vom Wahlrecht der Männer, an dem sie tatsächlich teilnehmen, wenn auch nur indirekt. Der Wahlkampf ist jetzt schon für große Massen der Frauen wie der Männer der Arbeiterklasse ein gemeinsamer. In allen sozialdemokratischen Wählerversammlungen bilden die Frauen ein zahlreiches, manchmal das überwiegende, stets ein regsames und leidenschaftlich beteiligtes Publikum. In allen Wahlkreisen, wo eine gefestigte sozialdemokratische Organisation besteht, verrichten die Frauen mit die Wahlarbeit. Sie sind es auch, denen ein großes Verdienst an der Verbreitung von Flugblättern, an dem Werben von Abonnenten für die sozialdemokratische Presse zufällt, diese wichtigste Waffe des Wahlkampfes.

Der kapitalistische Staat hat den Frauen des Volkes nicht verwehren können, daß sie alle diese Mühen und Pflichten im politischen Leben auf sich nahmen. Er selbst hat ihnen die Möglichkeit dazu Schritt für Schritt durch die Gewährung des Vereins- und Versammlungsrechts erleichtern und sichern müssen. Nur das letzte politische Recht, das Recht, den Wahlzettel abzugeben, unmittelbar über die Volksvertretung in den gesetzgebenden und verwaltenden Körperschaften zu entscheiden und diesen Körperschaften als Erwählte anzugehören, nur dieses Recht will der Staat den Frauen nicht zugestehen.

Allein hier, wie auf allen anderen Gebieten des gesellschaftlichen Lebens heißt es: »Wehre den Anfängen!« Der heutige Staat ist vor den proletarischen Frauen schon zurückgewichen, als er sie in öffentliche Versammlungen, in politische Vereine zuließ. Allerdings hat er das nicht aus freiem Willen getan, sondern der bitteren Not gehorchend, unter dem unwiderstehlichen Druck der aufstrebenden Arbeiterklasse. Nicht zuletzt war es das stürmische Vorwärtsdrängen der Proletarierinnen selbst, das den preußisch-deutschen Polizeistaat gezwungen hat, das famose »Frauensegment« in den politischen Vereinsversammlungen preiszugeben und den Frauen die Tore der politischen Organisationen sperrangelweit zu öffnen. Damit ist der Stein noch schneller ins Rollen gekommen. Der unaufhaltsame Fortschritt des proletarischen Klassenkampfes hat die arbeitenden Frauen mitten in den Strudel des politischen Lebens gerissen. Dank der Ausnützung des Vereins- und Versammlungsrechts haben sich die Proletarierinnen den regsten Anteil an dem parlamentarischen Leben, an den Wahlkämpfen errungen. Und nun ist es nur eine unabweisbare Folge, nur das logische Ergebnis der Bewegung, daß heute Millionen proletarischer Frauen selbstbewußt und trotzig rufen: **Her mit dem Frauenwahlrecht!**

Ottilie BAADER

1847-1925

Zwanzig Jahre bevor Clara Zetkin die politische Bühne betritt und mit ihrer flammenden Rede »Über die Befreiung der Frau« die Frauenfrage in die sozialistische Bewegung einbezieht, erprobt in Berlin die junge Näherin Ottilie Baader ihren ersten Arbeiterinnenaufstand. Diese 1866 als »Kampf der Berliner Mantelnäherinnen« gegen die Erhöhung der Nähgarnzölle bekannt gewordene Aktion beschert den Arbeiterinnen und ihrer Branche Aufmerksamkeit für die prekäre wirtschaftliche und soziale Situation. Ottilie Baader, die seit ihrem dreizehnten Lebensjahr in Fabrik und Heimarbeit zum Lebensunterhalt ihrer fünfköpfigen Familie beiträgt, begeistert sich für die Appelle der Arbeiterbewegung – für bessere Arbeitsbedingungen, Arbeitsschutz und für die Gründung von Gewerkschaften als Fürsprecherorganisationen. 1870 organisiert Baader gemeinsam mit anderen einen Streik der Nähmaschinennäherinnen einer Berliner Fabrik, riskiert und verliert ihre Arbeit. Doch hat sie sich als Verhandlungsführerin und Vermittlerin positiv hervorgetan, mit Erfolg für die Sache. Das spornt sie an.

Die in Arbeiterkreisen äußerst populäre Schrift August Bebels »Die Frau und der Sozialismus« führt sie schließlich zur Sozialdemokratie. Seine darin geforderte berufliche und politische Gleichstellung der Frauen – einer der zentralen Punkte der Bebelschen Vision einer sozialistischen Gesellschaft – wird für Ottilie Baader zum Leitmotiv ihres Handelns.: »Die Frau der neuen Gesellschaft ist sozial und ökonomisch vollkommen unabhängig, sie ist keinem Schein von Herrschaft und

Ausbeutung mehr unterworfen, sie steht dem Manne als Freie, Gleiche gegenüber und ist Herrin ihrer Geschicke. [...] Der Sozialismus schafft hier nichts Neues, er stellt auf höherer Kulturstufe und unter neuen gesellschaftlichen Formen nur wieder her, was, ehe das Privateigentum die Gesellschaft beherrschte, allgemein in Geltung war«, schreibt Bebel 1879.

Ottilie Baaders politisches Engagement ist weder selbstverständlich noch ungefährlich. Das 1850 in Preußen verabschiedete Vereins- und Versammlungsgesetz untersagt »Frauenpersonen, Geisteskranken, Schülern und Lehrlingen« die Mitgliedschaft in politischen Vereinen. Das 1878 in Kraft getretene »Sozialistengesetz« verbietet sozialistische und sozialdemokratische Organisationen generell. In ihrer 1921 erschienenen Autobiografie schildert Baader ihren »steinigen Weg«: »Wenn man sich vergegenwärtigt, dass der Arbeitstag meistens zwölf und mehr Stunden hatte, so wird man begreifen, welch großen Entschluss und auch welches Opfer es für die Frau bedeutete, wollte sie eine Versammlung besuchen. Man wird aber auch verstehen können, dass mancher schwere Konflikt in der Familie entstehen musste durch die Notwendigkeit, die Arbeiterin aufzuklären und für den Klassenkampf zu schulen, während sie auf der anderen Seite auch als Mutter und Hausfrau in der Familie nicht entbehrt werden konnte. Denn jede Stunde, die die Frau in einer Versammlung ihrer geistigen Weiterbildung verwandte, musste sie ihrer Familie entziehen. Aber es wurde dabei manches Samenkorn ausgestreut, das aufgegangen ist und Früchte getragen hat.«

Die eigenen Erfahrungen, die Ottilie Baader als Näherin machen musste, werden für sie zum Motor ihres sozialen Engagements. Sie setzt sich ein für die Aus- und Weiterbildung der Frauen und Mädchen und fördert die Gleichstellung in Lohnangelegenheiten. 1885 gründete sie mit anderen Heimarbeiterinnen den *Berliner Mantelnäherinnenverein*, die erste gewerkschaftliche Arbeiterinnenorganisation des Deutschen Reiches. Da die Sozialdemokraten seit Erlassung des »Sozialistengesetzes« im Untergrund agieren, wird die Idee der sogenannten »Vertrauensperson« erdacht: einer politisch aktiven Einzelperson – die damit nicht gegen das Vereins- beziehungs-

> „Wenn man sich vergegenwärtigt, dass der Arbeitstag meistens zwölf und mehr Stunden hatte, so wird man begreifen, welch großen Entschluss und auch welches Opfer es für die Frau bedeutete, wollte sie eine Versammlung besuchen. "

weise Parteiverbot handelt. Ottilie Baader wird eine der ersten weiblichen Vertrauenspersonen der SPD.

„Es wurde dabei manches Samenkorn ausgestreut, das aufgegangen ist und Früchte getragen hat."

Wie Clara Zetkin versteht sie den Kampf der Arbeiter und Arbeiterinnen für den Sozialismus auch als Kampf für die Befreiung und Gleichstellung aller Menschen – somit auch als Frauenbefreiung. Der sozialistische Gedanke der Gleichstellung aller Menschen behagt jedoch nicht jedem. Als der 1894 gegründete Dachverband der bürgerlichen Frauenbewegung, *Bund Deutscher Frauenvereine* (BDF), die Aufnahme sozialistischer Gruppierungen ablehnt, da diese den Umsturz der gesellschaftlichen Verhältnisse anstreben, kommt es zum unüberwindbaren Bruch. »Die Arbeiterinnen, welche nach sozialer Gleichheit streben, erwarten für ihre Emanzipation nichts von der Frauenbewegung der Bourgeoisie, welche angeblich für die Frauenrechte kämpft. Dieses Gebäude ist auf Sand gebaut und hat keine reelle Grundlage. Die Arbeiterinnen sind durchaus davon überzeugt, daß die Frage der Frauenemanzipation keine isoliert für sich bestehende ist, sondern ein Teil der großen sozialen Frage.« (Clara Zetkin, »Für die Befreiung der Frau«, 1889).

Ab 1900 ist auch Ottilie Baader als »Zentralvertrauensperson« der sozialdemokratischen Frauen an der Spitze der proletarischen Frauenbewegung angelangt. Sie richtet das Frauenbüro der SPD ein und schreibt für die 1891 von Zetkin übernommene Zeitschrift »Die Gleichheit«, das publizistische Organ der proletarischen Frauenbewegung. Nachdem 1908 das Vereins- und Versammlungsgesetz fällt und Frauen politischen Parteien beitreten dürfen, kann sich Baader nun auch offiziell als Frau politisch engagieren. Noch bis 1917 leitet sie das »Zentralfrauenbüro« beim Parteivorstand der SPD.

Ein steiniger Weg (1921)

von Ottilie Baader

Ich hatte inzwischen, wie schon gesagt, allerlei versucht. Jetzt aber lernte ich auf der Maschine nähen und kam in eine dieser Fabriken in der Spandauer Straße. Dort wurden etwa fünfzig Maschinennäherinnen und ebensoviele Vorrichterinnen beschäftigt. Je eine Arbeiterin dieser beiden Gruppen mußten sich immer zusammentun und gemeinsam arbeiten, und auch der Lohn wurde gemeinsam berechnet. Von morgens acht bis abends sieben Uhr dauert die Arbeitszeit, ohne namhafte Pause. Mittags verzehrte man das mitgebrachte Brot oder lief zum »Budiker« nebenan, um für einige Groschen etwas Warmes zu sich zu nehmen. Sieben, höchstens zehn Taler die Woche war der von Vorrichterin und Maschinennäherin gemeinsam verdiente Lohn. Da das Maschinennähen körperlich anstrengender als das Vorrichten war, so bestand die Gepflogenheit, daß die Maschinennäherin vom Taler 17 ½ und die Vorrichterin 12 ½ Groschen erhielt. Vor der Teilung wurden aber von dem gemeinsam verdienten Lohn die Posten für das vernähte Garn und etwa zerbrochene Maschinennadeln abgezogen, was durchschnittlich auf den Taler 2 ½ Groschen betrug. [...]

Ich kaufte mir dann eine eigene Maschine und arbeitete zu Hause. Dabei habe ich das Los der Heimarbeiterin zur Genüge kennengelernt. Von morgens um sechs bis nachts um zwölf, mit einer Stunde Mittagspause, wurde in einer Tour »getrampelt«. Um vier Uhr aber wur-

de aufgestanden, die Wohnung in Ordnung gebracht und das Essen vorbereitet. Beim Arbeiten stand dann eine kleine Uhr vor mir und es wurde sorgfältig aufgepaßt, daß ein Dutzend Kragen nicht länger dauerte wie das andere, und nichts konnte einem mehr Freude machen, als wenn man ein paar Minuten sparen konnte.

So ging das zunächst fünf Jahre lang. Und die Jahre vergingen, ohne daß man merkte, daß man jung war und ohne daß das Leben einem etwas gegeben hätte.

Lohnverhältnisse der Frauenarbeit (1882)

Aber auch Deutschland hat energische Frauen und in Schlesien ward im vorherigen Jahr ein Verein gegründet um der schamlosen Ausbeutung der weiblichen Arbeitskraft durch gewinnsüchtige Arbeitgeber, ein Ende zu machen! Um darzuthun wie nöthig es sei, energische Schritte dagegen zu thun, werden ein paar Belege gegeben.

1.) Ein Kaufmann, der zugleich ein Wäsche-Geschäft hat, verkauft an arme Näherinnen Nähmaschinen mit 8 bis 10 Thaler Anzahlung, mit der Bedingung, daß sie zur vollen Bezahlung der Maschine für sein Geschäft Wäsche nähen. – Er zahlt dabei an Arbeitslohn: für ein gut genähtes Arbeitshemd mit 5 Knopflöchern 13 Pf. für ein Paar Beinkleider 15 Pf: – für eine Züge 9 Pf. – für ein Dutzend Küchenschürzen mit Latz 35 Pf. und Zwirn und Band zu diesen Arbeiten, müssen die Arbeiterinnen selbst dazugeben und zwar in seinem Geschäfte entnehmen. – Der Betrag dafür wird ihnen von diesem Verdienste, nebst mindestens 2 Mark Abzahlung für die Maschine, wöchentlich abgezogen.

2.) Ein Getreide-Geschäft zahlt für einen, mit der Hand genähten Sack – an dem eine Frau wohl 2 Stunden näht – 3 Pfennige. – Ein zweites, ebensolches Geschäft zahlt sogar für 50, mit der Hand genähte Säcke, nur 60 bis 80 Pfennige, je nachdem Zwirnabzug ist oder nicht – es macht einen Bruchtheil mehr als 1 Pfennig.

3.) Ein Wollwaarengeschäft, zahlt für ein großes Mohairtuch, an welchem die geübteste Arbeiterin mindestens 12 Stunden abstrengend zu häkeln hat – 45 Pfennige.

4.) In einem Posamentirgeschäft wird für die Verzierung eines Meters schwarzseidner Franzen, durch schwarze Perlen – 6 Pfennige gezahlt. Bei der Mühsamkeit der Arbeit können täglich nur 5 Meter angefertigt werden.

Wenn man erwägt, daß sich zu diesem kümmerlichen Verdienste noch Viele vergeblich drängen, daß sie sich, um nur berücksichtigt zu werden, häufig in den Geschäften die schnödeste Behandlung gefallen lassen müssen, – in welchen Abgrund von Noth und Jammer lassen dann diese Zahlen blicken! – Ein einziger solcher Prinzipal, beschäftigte gegen 900 Arbeiterinnen.

(Abbildung: Näherinnen in einer Hutmacherei, im Hintergrund Maschinennäherinnen, um 1900)

Die Suffragette Una Dugdale wirbt – in Manier der WSPU – auf einem mitgebrachten Stuhl vor einer kleinen Schar Arbeiter in Newcastle für das Frauenwahlrecht, 1908.

Lily BRAUN

1865-1916

Lily Braun, geboren als Amelia von Kretschman, entstammt einer adligen Offiziersfamilie aus Halberstadt. Amelia, genannt Lily, genießt eine strenge preußische Erziehung und zugleich das privilegierte Leben in Adelskreisen; ihre Familie verkehrt auch am Kaiserhof. Durch häufige Umzüge von Garnisonsstadt zu Garnisonsstadt lernt die junge Lily schon früh das Leben auf der anderen Seite der Gesellschaft kennen, sieht die erdrückenden sozialen Unterschiede im Land. Als der Vater beim Kaiser in Ungnade fällt und aus dem Militär entlassen wird, erfährt Lily selbst, was es bedeutet, nicht mehr zur oberen Klasse zu gehören. Als aufmerksame Beobachterin der sie umgebenden Welt beginnt sie sich für die Ideen der Sozialdemokraten zu interessieren und fängt mit dem Schreiben an; erste literaturhistorische und -kritische Schriften entstehen.

In Berlin lernt sie den Philosophieprofessor Georg von Gizycki (1851–1895) kennen, ein Mitglied der *Deutschen Gesellschaft für ethische Kultur*, der sie mit den Werken von Marx und Engels vertraut macht und Lily nachhaltig politisch prägt; 1893 heiraten sie. Lily von Gizycki engagiert sich fortan in der *Ethischen Gesellschaft*, schreibt für die von Heinrich herausgegebene Zeitschrift »Ethische Kultur« und leistet mit Vorträgen innerhalb der Gesellschaft politische Arbeit. Hier fordert sie zum ersten Mal auch das Frauenwahlrecht – unter vorgehaltener Hand, da sich Frauen politisch nicht engagieren duften. Nach dem Tod Georg von Gizyckis gibt sie ihre Tätigkeit für die *Ethische Gesellschaft*

Autorenporträt Lily Brauns aus ihrer Publikation »Im Schatten der Titanen«, 1908

auf und wendet sich aktiv der Politik und der Frauenbewegung zu. Sie wird Mitarbeiterin der Zeitschrift »Frauenbewegung« und Vorstandsmitglied des Vereins *Frauenwohl*. Ab 1896 arbeitet sie aktiv in der SPD mit und heiratet den Publizisten und Parteigenossen Heinrich Braun (1854–1927). Ihre erste öffentliche Rede für das Frauenstimmrecht in Deutschland ist gleichermaßen Erfolg wie Eklat. In ihren Memoiren schreibt sie: »Gleiche Rechte für alle: Männer und Frauen; Freiheit der Überzeugung; Sicherung der Existenz; Frieden der Völker; Kunst, Wissenschaft, Natur ein Gemeingut Aller; Arbeit eine Pflicht für Alle; freie Entwicklung der Persönlichkeit, ungehemmt durch Fesseln der Kaste, der Rasse, des Geschlechts, des Vermögens –: wie konnte irgend jemand, der auch nur über seine nächsten vier Wände hinausdachte, sich der Richtigkeit und Notwendigkeit dieser Forderungen verschließen?!«

> „Der gefestigten Erkenntnis der Arbeiter Englands und der Macht ihrer Organisationen ist es zu verdanken, daß heute auch manche Frauen der Bourgeoisie, ... einsehen, daß **nicht das Geschlecht,** sondern die Klasse das Bindemittel der Solidarität sein muß."

Der hier geäußerte sozialistische Gedanke von der Gleichstellung aller Menschen und das damit einhergehende Bekenntnis der proletarischen Frauenbewegung zum Klassenkampf stößt auf Widerstand bei den bürgerlichen Frauen und spaltet die Bewegung. Der 1894 gebildete *Bund Deutscher Frauenvereine* lehnt die sozialistischen Gedanken des Frau-Seins jenseits des Familienlebens und Mutterdaseins ab. Die Sozialisten fordern den radikalen Umbau der Gesellschaft, die Überwindung der Standesschranken und des traditionellen Familienbildes, das die Persönlichkeit der Frau einenge. Hier schlägt Lily Braun eine Brücke zwischen den sich verfeindet gegenüberstehenden Strömungen – und versucht den Spagat als Vermittlerin. Vor dem Hintergrund ihrer eigenen Herkunft und ihrer gewonnenen Überzeugungen sucht sie nach verbindenden Lösungen. Sie steht für die Interessen der Arbeiter- und Gewerkschaftsbewegung, für die Erwerbstätigkeit der Frau und deren soziale und politische Gleichstellung, ohne jedoch wie Clara Zetkin die »Loslösung der Frau von der Familie als soziale Umwertung der Frau« zur Bedingung zu machen.

Mit dieser Meinung tritt sie in offenen Streit mit Clara Zetkin, die jede Zusammenarbeit mit der bürgerlichen Frauenbewegung strikt ablehnt. Lily Brauns Vermittlungsversuch schlägt fehl; gegen die Überzeugungen Zetkins vermag sie sich innerhalb der SPD nicht zu behaupten. Auch ihre umfangreiche Publikation von 1901, »Die Frauenfrage. Ihre geschichtliche Entwicklung und wirtschaftliche Seite«, die sich in Aufbau und Umfang an Bebels »Die Frau und der Sozialismus« orientiert und das erste Werk dieser Art einer Frau ist, bleibt weitgehend wirkungslos und wird von Zetkin in der »Gleichheit«, dem publizistischen Organ der proletarischen Frauenbewegung, verrissen.

Lily und Heinrich Braun werden zunehmend innerparteilich angefeindet. Sie gehören dem revisionistischen Flügel der SPD an, der sich vom marxistischen Ideal einer von Grund auf neu zu formierenden Gesellschaft abwendet und den Kapitalismus nicht durch einen radikalen Umsturz der Gesellschaft zu überwinden, sondern ihn nach und nach zu reformieren sucht. 1903 kandidiert Heinrich Braun für den Reichstag, gewinnt die Wahl, die später jedoch annulliert wird. Die von Heinrich und Lily Braun gegründete Zeitschrift »Die neue Gesellschaft« wird aufgrund von Parteiwiderstand nach zwei Ausgaben wieder eingestellt. 1906 müssen sich die Brauns einem Parteiverfahren wegen »Parteiverrats« stellen, weil sie an einer von der bürgerlichen Presse organisierten Journalistenreise nach England teilgenommen haben.

Enttäuscht und entmutigt zieht sich Lily Braun aus der Politik zurück und widmet sich ganz dem Schreiben. In den Jahren 1909 bis 1911 erscheinen in zwei Bänden ihre »Memoiren einer Sozialistin«. Von Herkunft und Überzeugung her bleibt Lily Braun eine Grenzgängerin zwischen den zwei großen Strömungen der ersten Frauenbewegung Deutschlands.

Luise ZIETZ

1865-1922

Luise Zietz, die 1908 als erste Frau in der Geschichte der SPD in den Parteivorstand gewählt wird, ist ursprünglich durch ihre kurze Ehe mit dem Hafenarbeiter Christian Zietz mit der Hamburger Arbeiterbewegung in Kontakt gekommen. Im Fabrikarbeiterverband und in der SPD war sie auf Menschen getroffen, die ihre Kritik an den sozialen Missständen ebenso teilen wie ihr Streben nach mehr Bildung, das ihr – aufgewachsen unter größten Entbehrungen als Tochter eines verarmten Wollwirkers – inzwischen die Ausbildung an einem Fröbel-Seminar eingebracht hat. Dieses hat es sich zur Aufgabe gemacht, »junge Mädchen jeden Standes zu geschickten und gewissenhaften Kinderwärterinnen heranbilden zu lassen«. Die Ausbildung soll sie befähigen, Kinder nach der Idee Fröbels zu »freien, selbsttätigen Menschen« zu erziehen – ein Ideal, das Luise auch für ihr eigenes Leben verwirklichen will. Sie besucht Vorträge, Seminare und geht auf SPD-Versammlungen. Bald greift sie in die Diskussionen ein. Mit ihrer klaren Sprache und kräftigen Stimme zieht sie die Hörer in den Bann, und schnell weiß man in der Partei ihr außergewöhnliches Organisations- und Rednertalent zu schätzen. Man schickt sie auf Agitationsreisen durch das Land – der »weibliche Bebel« heißt sie bei den Genossen. 1908 kann sie – nach der Verabschiedung des Reichsvereinsgesetzes, das Frauen endlich die Mitarbeit in politischen Parteien erlaubt – offiziell in die SPD eintreten und wird gleich in den Parteivorstand gewählt, zuständig für die Frauenarbeit.

Fotografie Luise Zietz' aus dem Jahr 1915

Intensiv widmet sie sich in den nächsten Jahren der proletarischen Frauenbewegung, versucht die Arbeiterfrauen für die sozialistischen Ideen zu begeistern. Sie engagiert sich für bessere Arbeitsbedingungen der Frauen und gegen Kinderarbeit, sie propagiert die Gleichstellung der Frau und fordert das allgemeine Frauenwahlrecht. Gemeinsam mit Clara Zetkin arbeitet sie mit an der sozialdemokratischen Zeitschrift »Die Gleichheit«, und so wie Zetkin lehnt auch sie ein Bündnis mit der bürgerlichen Frauenbewegung ab: »Wir haben Wichtigeres zu tun, als auf Konferenzen bürgerliche Frauen vor ihren Dummheiten zu bewahren.« Als Sozialdemokratin ist sie der festen Überzeugung, dass das Ringen um die Gleichberechtigung der Frau nur Teil des Kampfes für eine sozialistische Gesellschaft sein kann. Von ihrer strikten Haltung verabschiedet sich Luise Zietz jedoch nach Ausbruch des Krieges und fördert nunmehr die Zusammenarbeit mit den Akteurinnen aus dem *Bund Deutscher Frauenvereine* (BDF). Die politischen Gegensätze innerhalb der Frauenbewegung rücken für Luise Zietz in den Hintergrund. Angesichts der unsäglichen Not, die der Krieg über die Arbeiterfamilien bringt, gelte es jetzt, den verzweifelten Frauen, den verwaisten Kindern, den Arbeitslosen, den Kranken und Leidenden mit Rat und Tat beizustehen. Denn Not und Leid kennt Luise Zietz aus ihrer Kindheit.

Im Verlauf des 19. Jahrhunderts waren die traditionell handwerklich arbeitenden Wollweber durch die sich rasant entwickelnde Industrie mit ihren effizienteren Produktionsmethoden in Existenznot geraten. Um überleben zu können, war die Mitarbeit aller Familienmitglieder unerlässlich. Zur Vorbereitung der Rohwolle hatte Luise – damals noch Luise Körner – mit ihren Geschwistern die Kratzmaschine mittels eines Tretrades antreiben müssen, wozu ansonsten Hunde angeschirrt wurden. Und: »Sollte die Wolle gewebt werden, musste sie auf Spulen gebracht werden. Das war für uns Kinder eine schreckliche Marter. Der Rücken schmerzte, der rechte Arm droht zu erlahmen. Die Finger waren von den scharf gesponnenen Fäden blutig gerissen, und im Schrank war kein Brot, und der Hunger tat so weh«, berichtet Luise in ihren Erinnerungen über ihre unmittelbare Erfahrung mit dem Weber-Elend.

Nach der Volksschule war sie zunächst als Dienstmädchen in Stellung gegangen und hatte anschließend in einer Tabakfabrik gearbeitet, beides ebenfalls unter widrigen Bedingungen, bis der begabten jungen Frau schließlich dank unermüdlicher Lektüre in jeder freien Minute die Aufnahme in besagtes Fröbel-Seminar gelungen war.

Im August 1914 nun ruft Luise Zietz alle SPD-Frauen zur »Pflichterfüllung« und zur »Beteiligung an der Kriegshilfe«. Sie fordert die

Genossinnen auf, sich in den Dienst der kommunalen Hilfsaktionen zu stellen – was letztendlich einer Eingliederung in den vom BDF ins Leben gerufenen *Nationalen Frauendienst* gleichbedeutend ist. Viel Kraft kosten Luise Zietz in den kommenden Jahren die immer schärfer werdenden Auseinandersetzungen innerhalb der SPD: zwischen dem rechten Flügel – den Verfechtern der Burgfrieden-Politik – und den Kriegsgegnern des linken Flügels um Karl Liebknecht. Nach außen vertritt Luise Zietz noch lange die Linie des Parteivorstandes, weil sie in der Verweigerung der Parteidisziplin eine Bedrohung für die Einheit und Stärke der Partei sieht. Diese Parteiraison relativiert sie jedoch parteiintern: Innerhalb des Vorstandes kritisiert sie zunehmend die Kriegspolitik der Parteiführung, bis sie schließlich ihrer Funktion enthoben wird. Als sich 1917 der linke Flügel der SPD abspaltet und die *Unabhängige Sozialdemokratische Partei Deutschlands*, die USPD, gründet, ist Luise Zietz dabei. In der USPD, der sich auch die *Spartakusgruppe* um Karl Liebknecht und Rosa Luxemburg anschließt, übernimmt sie wieder die Verantwortung für die Frauenorganisation.

> „Der Sozialismus wird uns befreien von all jener Fäulnis, die entstanden ist und üppig wuchert, wo immer der Kapitalismus mit seiner Profitgier, seinen Klassengegensätzen, seinem überquellenden Reichtum auf der einen und der Armut und Abhängigkeit auf der anderen Seite wirksam ist."

Als mit dem Ende des Krieges die Frauen in Deutschland das Wahlrecht erhalten, wird Luise Zietz als eine von 37 Frauen in die Weimarer Nationalversammlung gewählt und hält dort nach Maria Juchacz von der SPD am 19. Februar 1919 als zweite Frau in der Parlamentsgeschichte eine Rede. 1920 zieht sie als Abgeordnete in den Reichstag ein.

Ihre politische Arbeit findet jedoch schon zwei Jahre ein jähes Ende, als sie im Plenarsaal einen Herzinfarkt erleidet. Luise Zietz' letzte Ruhestätte ist der Sozialistenfriedhof in Berlin-Friedrichsfelde. Drei Jahre zuvor hatte sie dort für die am 15. Januar 1919 ermordeten Kommunisten Rosa Luxemburg und Karl Liebknecht die Trauerrede gehalten. Dem Tod von Luise Zietz widmen sich zahlreiche Journalisten in sehr wohlwollenden Nachrufen – auch in bürgerlichen Zeitungen, wo man zum Abschied immerhin würdigende Worte findet wie: »Sie war nicht ohne Größe und gab alles hin für fremde Not.«

Alexandra KOLLONTAI

1872–1952

Alexandra Domontowitsch wird 1872 in Sankt Petersburg in eine Zeit hineingeboren, in der die Zarenherrschaft sich zaghaft Reformbestrebungen öffnet, das Land aber noch im Gewohnten verharrt. Elf Jahre zuvor war erst die Leibeigenschaft der Bauern abgeschafft worden, sehr viel später als in jeder anderen Monarchie in Europa. In ihren Memoiren wird Alexandra Kollontai berichten, dass ihre Großmutter väterlicherseits dies stets bedauerte, weil sie es gewohnt war, vierundzwanzig Stunden an dreihundertfünfundsechzig Tagen im Jahr auf ihre Dienerschaft zurückgreifen zu können. Dass diese Dienerschaft meist unter dem Existenzminimum lebte, oft auf dem Fußboden schlief und nur unzureichend ernährt wurde, interessierte den russischen Adel lange nicht. Erst Zar Alexander II. befreite 25 Millionen Bauern von diesem Joch, wobei sich an den armseligen Lebensbedingungen in den allermeisten Fällen jedoch nicht viel änderte.

Alexandras Familie väterlicherseits blickt stolz auf einen alten, aristokratischen Stammbaum von Großgrundbesitzern in der Ukraine zurück, während die Mutter die Tochter eines einfachen finnischen Holzhändlers ist, dem es allerdings gelungen war, mit seinem Holzhandel ein Vermögen zu erwirtschaften. Dem Adel steht er skeptisch gegenüber, zu leichtfertig scheinen ihm die russischen Offiziere, und als sich seine Tochter in einen von ihnen verliebt, beschließt er kurzerhand, dass sie einen Mann seiner Wahl heiraten müsse. Die Tochter gehorcht, heiratet einen Mann, den sie nicht liebt, und bekommt von

Alexandra Kollontai in ihrem Arbeitszimmer bei der Komintern, 1921 ihm drei Kinder. Aber die Liebe zu dem Offizier ist stärker. Jahre später, bei einem Ball in Sankt Petersburg, sieht sie Michail Domontowitsch wieder, und beide beschließen, für ein gemeinsames Leben zu kämpfen. Wie es die Mutter fertigbringt, sich zur damaligen Zeit scheiden zu lassen, erzählt Alexandra in ihren Memoiren nicht, aber es kann vermutet werden, dass dies in einer derart konventionell geprägten aristokratischen Gesellschaft einen Skandal auslöste. In jedem Fall darf man davon ausgehen, dass Alexandra von ihrer Mutter eine ordentliche Portion Durchsetzungsvermögen geerbt hat.

Durch die unterschiedlichen Milieus, in denen ihre Eltern aufgewachsen waren – heute würde man sagen »sozialisiert« wurden –, entwickelte das kleine Mädchen Alexandra ein ungewöhnlich wachsames Gespür für soziale Unterschiede und Ungerechtigkeiten. So hieß die Mutter weder die steifen Gesellschaftsnormen des Adels gut noch duldete sie deren Verschwendung. Eine weitere, einschneidende Erfahrung lässt Alexandra sehr früh mit der Willkür des zaristischen Machtapparates in Berührung kommen, als sie erlebt, wie der Vater die Gunst des Zaren verliert und plötzlich die gesamte Familie in ihrer Existenz bedroht zu sein scheint: Nach dem erfolgreichen Feldzug der Russen gegen die Türken und der Befreiung Bulgariens im Jahr 1877/78 wird Alexandras Vater Kanzleichef des russischen Statthalters in Sofia, wo er aktiv an einer Neuordnung der bulgarischen Verfassung mitwirkt. Diese Verfassung, in der den Bulgaren mehr Rechte eingeräumt werden sollten, als es vom Zaren und seiner Beamtenschar gewollt ist, wird im letzten Moment gekippt und Michail Domontowitsch degradiert. Immerhin darf er, allerdings unter ständiger Beobachtung, noch im Staatsdienst bleiben und wird nicht, wie zunächst von der Familie befürchtet, in die Verbannung geschickt. Aber die Rubel rollen nicht mehr wie in Sofia – die Familie muss sich einschränken und sparen.

Alexandras Mutter legt dennoch großen Wert auf eine gute Erziehung und umfassende Bildung, und das Abitur ist für alle Kinder ein Muss. Als die ältere Halbschwester sich auf die Reifeprüfung vorbereiten möchte, engagiert die Mutter Maria Strachowa als Privatlehrerin, die auch die kleinere Schwester unterrichten wird. Maria Strachowa ist Mitglied einer verbotenen Arbeiterbewegung und vermittelt ihrer jungen Schülerin nicht nur Wissen, das sie für die Abschlussprüfung braucht.

> „Frauen und ihr Schicksal beschäftigten mich ein Leben lang, und ihr Los war es auch, das mich zum Sozialismus führte."

Vielmehr wird sie ihr sozialistische Texte als Lektüre empfehlen und damit das politische Bewusstsein Alexandras wecken. Die größte Angst der Mutter, dass ihre Tochter von »gefährlichen Ideen« angesteckt werden könnte, hatte sie einst veranlasst, das Kind nicht in eine Schule zu schicken, sondern zu Hause unterrichten zu lassen. Und genau hier begegnet Alexandra nun einer Frau, die revolutionären Kreisen nahesteht und großen Einfluss auf ihr Denken und Handeln nehmen wird.

Dieser Einfluss wird auch maßgeblich dazu beigetragen haben, dass Alexandra nicht um der Konvention zu genügen einen wohlhabenden Mann heiratet, der ihr ein finanziell sorgenfreies Leben ermöglichen kann. Sie entscheidet sich für Vladimir Kollontai, ihren Cousin zweiten Grades, der als einfacher Techniker nur über ein geringes Einkommen verfügt. Die Warnungen ihrer Eltern, das Paar passe nicht zusammen – sie sei eine Büchernärrin und stets hungrig nach intellektuellen Herausforderungen, während er ihre Interessen in keiner Weise teilen könne –, schlägt sie in den Wind.

Im Jahr 1896 begleitet sie ihren Mann auf eine Reise in die Stadt Narva in Estland, wo sie eine Textilfabrik besichtigt, in der zwölftausend Männer und Frauen unter schrecklichen Bedingungen arbeiten. Und sie bekommt auch einen Einblick in die erbärmlichen Lebensverhältnisse der Arbeiterfamilien. In Alexandra Kollontai reift die Erkenntnis, dass nur eine Beseitigung des Kapitalismus die Verhältnisse dieser gepeinigten Menschen verbessern könne. Um ihr Wissen auf dem Gebiet der Ökonomie und der marxistischen Lehre zu vertiefen, geht sie 1898 in die Schweiz. Sie verlässt ihren Mann und ihren kleinen Sohn und studiert in Zürich Sozial- und Wirtschaftswissenschaften. Neben der Ökonomie widmet sie sich hingebungsvoll der marxistischen Lehre und wird eine begeisterte Zuhörerin des im Schweizer Exil lebenden russischen Theoretikers Georgi W. Plechanow. Zudem trifft sich in Zürich ein Kreis illustrer Revolutionäre, und dort liest sie auch erstmals die Aufsätze einer gewissen Rosa Luxemburg. Nach einem Jahr in der Schweiz kehrt sie zurück nach Sankt Petersburg, um illegal für die gerade gegründete sozialdemokratische Arbeiterpartei Russlands tätig zu werden. Sie unterstützt Gleichgesinnte, die im Untergrund leben müssen, sie schreibt für verbotene Zeitungen, und sie mobilisiert die Frauen, fordert sie auf, für die ihnen zustehenden Rechte zu kämpfen. Dabei unterscheidet sie ebenso deutlich wie ihre deutschen Genossinnen Clara Zetkin, Luise Zietz und Rosa Luxemburg zwischen der bürgerlichen Frauenbewegung und dem Kampf der Arbeiterinnen, stellt sich ganz klar auf die Seite der Proletarierinnen. Wobei die bürgerliche

Frauenbewegung in Russland ihrerseits eine deutliche Trennlinie zu den Sozialistinnen zieht, so wie es auch in Deutschland geschieht.

Im Jahr 1908 wird es für die unermüdlich tätige Kollontai zu gefährlich und sie verlässt Russland mit falschen Papieren in buchstäblich letzter Minute. Auf dem *Ersten Allrussischen Frauenkongress* hatte sie die Frauen aufgefordert, für ihre Rechte und eine Verbesserung ihrer Lebensbedingungen zu kämpfen und galt somit als Aufwieglerin in einem hochnervösen Zarenreich. Über acht Jahre verbringt sie in der Emigration, lebt in verschiedenen Ländern und studiert dort die sozialdemokratischen Strukturen sowie das Potenzial einer aufbegehrenden Arbeiterschaft. Vor allem in Deutschland ist sie als Rednerin, Agitatorin und Journalistin für die sozialdemokratische Partei tätig.

Eine Reise mit Clara Zetkin führt die beiden Frauen 1909 nach England, wo sie für die Bewegung der bürgerlichen Suffragetten eintreten und ebenso jene Gruppierungen unterstützen, die ein uneingeschränktes Wahlrecht fordern. Mit dem nicht am Besitzstand orientierten Wahlrecht würden auch die Arbeiterinnen politische Rechte erlangen. »Wir nehmen Stellung von dem Standpunkt aus, dass die Forderung nach Frauenwahlrecht in erster Linie eine direkte Konsequenz aus der kapitalistischen Produktionsmethode ist. [...] Das Recht auf ein Frauenwahlrecht liegt für uns im Wandel des gesellschaftlichen Lebens begründet, welcher durch die kapitalistischen Produktionsmethoden stattfindet, und im Besonderen durch die Tatsache, dass Frauen für ihren Lebensunterhalt arbeiten [...]«

Durch die Industrialisierung hatten sich die Lebensbedingungen der Arbeiterinnen enorm verschlechtert. Sie mussten zu niedrigen Löhnen in den Fabriken schuften und lebten in den Slums schnell wachsender Städte, die die Gesundheit aller gefährdeten, aber doch vor allem die der Frauen und Kinder. Insofern folgte die Argumentation von Zetkin, Kollontai und anderen Sozialistinnen der Logik, dass vorrangig eine Befreiung der Arbeiterklasse und besonders der Proletarierfrauen erreicht werden müsse. In einem 1913 erscheinenden Artikel der illegalen Tageszeitung »Prawda« macht Alexandra Kollontai deutlich, wofür die Arbeiterinnen kämpfen und wofür sich die bürgerlichen Frauen einsetzen: »Und was wollen die Arbeiterinnen? Die Abschaffung aller Privilegien nach Reichtum und Geburt. Der Arbeiterin ist es völlig gleichgültig, wer ihr Ausbeuter ist: ein Mann oder eine Frau. Gemeinsam mit ihrer ganzen Klasse will sie ihre Lage als Arbeiterin erleichtern. [...] Die Feministinnen fordern politische Rechte. Aber auch hier gehen die Wege auseinander. Für die bürgerlichen Frauen stellen die politischen Rechte nur eine Methode dar, um möglichst bequem und fest in jener Welt Fuß zu fassen, die auf der Ausbeutung des arbeitenden Volkes aufgebaut ist.«

Der ausbrechende Krieg 1914 lässt die Forderung nach Gleichberechtigung und einem Wahlrecht für Frauen in den Hintergrund treten. Alexandra Kollontai muss Deutschland verlassen. Sie reist nach Dänemark und von dort weiter nach Schweden – in beiden Ländern war sie als »antiimperialistische« Agitatorin zur unerwünschten Person erklärt worden und wird ausgewiesen.

„Die wirklich befreite Frau muß materiell vom Mann unabhängig sein und von den mit der Mutterschaft verbundenen Pflichten entlastet werden."

Im Jahr darauf reist Alexandra Kollontai auf Einladung der deutschen Sektion der Sozialistischen Arbeiterpartei Amerikas in die USA. Dort soll sie im Auftrag der Partei die Position der Kriegsgegner vertreten. Offensichtlich hatte man ihr eine derart wichtige Aufgabe zugetraut, sie war eine talentierte Rednerin und sprach zudem fließend Englisch, was sie ihrer großbürgerlichen Erziehung und dem englischen Kindermädchen verdankte. Wieder zurück in Norwegen, wird sie hier von der Februarrevolution in Russland überrascht, die das Ende der Zarenherrschaft markiert.

Alexandra Kollontai bricht daraufhin im März 1917 nach Sankt Petersburg auf, das jetzt Petrograd heißt, wo sie im Oktober des gleichen Jahres den Sieg der Bolschewiki und Lenins Aufstieg zum mächtigsten Mann in einem vom Bürgerkrieg zerrissenen Land erleben wird. In diesem Oktober 1917 führt Russland das Frauenwahlrecht ein, worüber Alexandra Kollontai in ihren Memoiren geradezu schwärmerisch-propagandistisch berichtet: »In allen Ländern der Welt kämpften und kämpfen die Frauen von sich aus für ihre Rechte, wobei sie auf heftigen Widerstand und entschiedene Abwehr seitens der bürgerlichen Regierung ihres Landes stießen. In vielen Ländern haben die Frauen heldenhaft für ihre Rechte gekämpft, dennoch konnten sie nirgends in der Welt das erreichen, was jeder Frau in allen Sowjetrepubliken als ganz natürliches Recht zusteht.«

Alexandra Kollontai wurde die erste Ministerin und erste Frau im diplomatischen Dienst weltweit. Ein Leben lang setzte sie sich dafür ein, dass Frauen Mutterschaft und Erwerbstätigkeit miteinander vereinbaren konnten und war damit ihrer Zeit weit voraus.

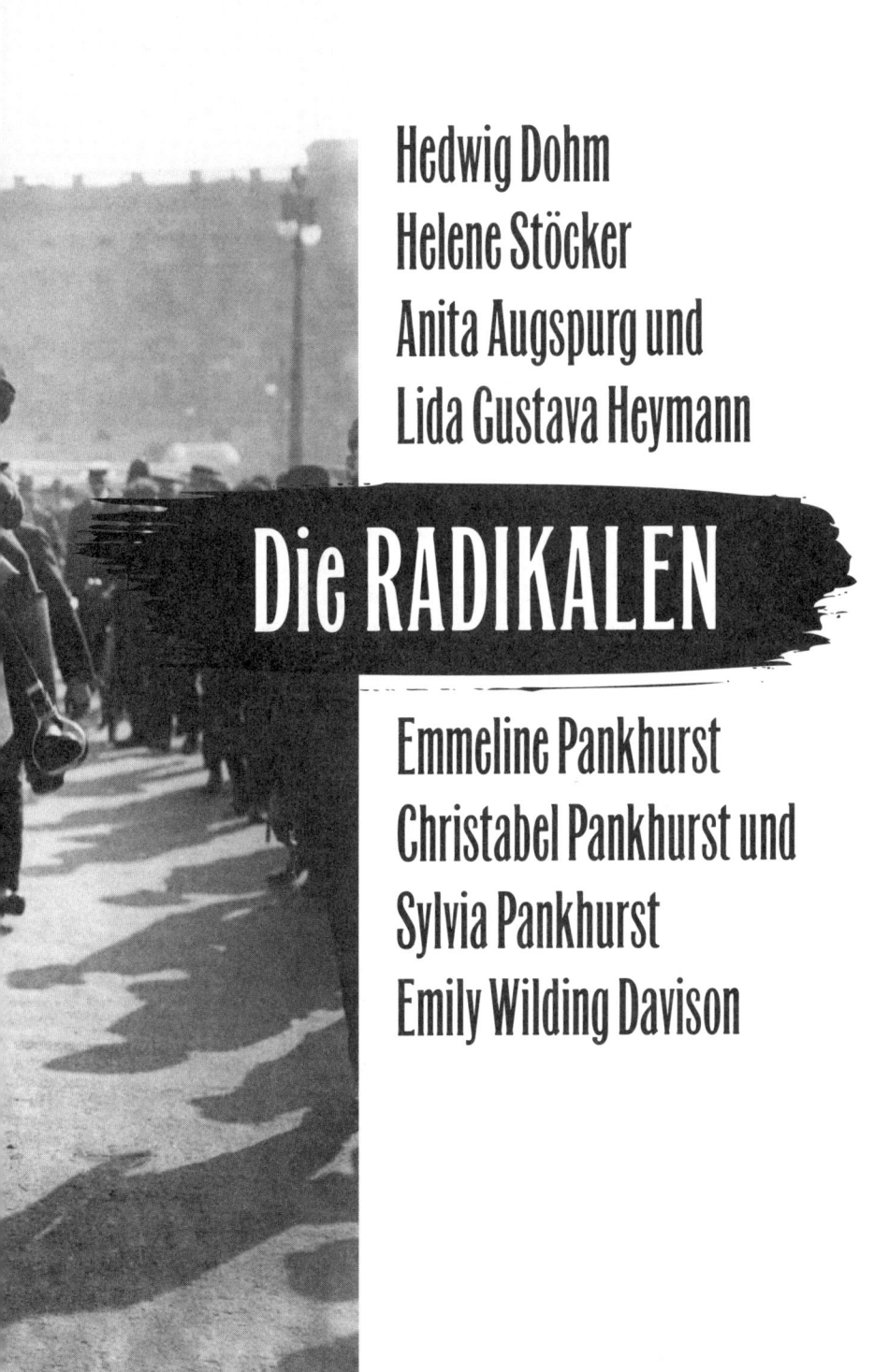

Hedwig Dohm
Helene Stöcker
Anita Augspurg und
Lida Gustava Heymann

Die RADIKALEN

Emmeline Pankhurst
Christabel Pankhurst und
Sylvia Pankhurst
Emily Wilding Davison

Die Radikalität der Frauenbewegung zu Beginn des 20. Jahrhunderts – worin bestand sie? Schaut man sich die Aktivitäten organisierter Frauen in Europa an, so sind es vor allem die Engländerinnen um **Emmeline Pankhurst** (1858–1928), die man heute allgemein mit der Vorstellung von Radikalität in Verbindung bringt. Für ihr militantes Vorgehen gegen die Regierungsparteien nach 1900 findet sich auf dem ganzen Kontinent kein weiteres Beispiel. Und doch spricht man auch in Deutschland von radikalen Feministinnen dieser Zeit. Was sie mit den englischen Suffragetten verband, war in erster Linie ihre Kompromisslosigkeit, mit der sie die Durchsetzung ihrer Forderungen erzwingen wollten. Das galt für die angestrebten Änderungen im sozialen und Bildungsbereich, vor allem aber für das Frauenwahlrecht. Darin sahen auch sie den Schlüssel zur Befreiung der Frau.

Wegbereiterin der Radikalen in Deutschland war **Hedwig Dohm** (1831–1919), zunächst zwar eine Einzelkämpferin, aber durch ihre bereits in den Siebzigerjahren des 19. Jahrhunderts erschienenen Publikationen Vorbild und Orientierungspunkt der Bewegung. Schon 1873 schrieb sie in ihrem Aufsatz »Der Jesuitismus im Hausstande. Ein Beitrag zur Frauenfrage«: »Für mich liegt der Anfang alles wahrhaften Fortschritts auf dem Gebiet der Frauenfrage im Stimmrecht der Frauen.«

Mitgliederinnen des »Vereins für Frauenstimmrecht«: Anita Augspurg, Marie Stritt, Lily Braun, Minna Cauer und Sophia Goudstikker

Obwohl sie nie in der Öffentlichkeit auftrat, arbeitete sie doch später eng mit **Minna Cauer** (1841–1922) zusammen. Beide gehörten zum Gründungskomitee des 1888 ins Leben gerufenen *Deutschen Frauenvereins Reform*, der sich für eine gleichberechtigte Mädchenbildung einsetzte. Von 1889 bis 1901 war Hedwig Dohm außerdem Vorstandsmitglied des *Vereins Frauenwohl*, deren Initiatoren um Minna Cauer die Emanzipation der Frau jenseits ihrer Rolle als Mutter und Ehefrau sahen. Binnen weniger Jahre hatte *Frauenwohl* sich zu einem »Kampfverein« entwickelt, von dem vielfältige radikal-feministische Impulse ausgingen. Den Hamburger Verein leitete **Lida Gustava Heymann** (1868–1943), die 1899 gemeinsam mit Minna Cauer und **Anita Augspurg** (1857–1943) den Zusammenschluss der radikalen Vereine zum *Verband Fortschrittlicher Frauenvereine* vorantrieb und damit auf Distanz zum *Bund Deutscher Frauenvereine* (BDF) ging. Zu den wichtigsten Aufgaben des Verbandes gehörten der Kampf um das Frauenwahlrecht, die Umgestaltung der Mädchenbildung und das Zusammengehen von bürgerlichen Frauen und Arbeiterinnen. Ein weiterer Punkt war die Bekämpfung der in der Gesellschaft vorherrschenden Doppelmoral – zum Beispiel im Problemfeld Prostitution – und deren Folgen, dem sich vor allem **Helene Stöcker** (1869–1943) verschrieben hatte. Als unbedingte Voraussetzung für die Emanzipation der Frauen propagierte sie ein eigenes Einkommen, politisches Mitspracherecht und sexuelle Autonomie.

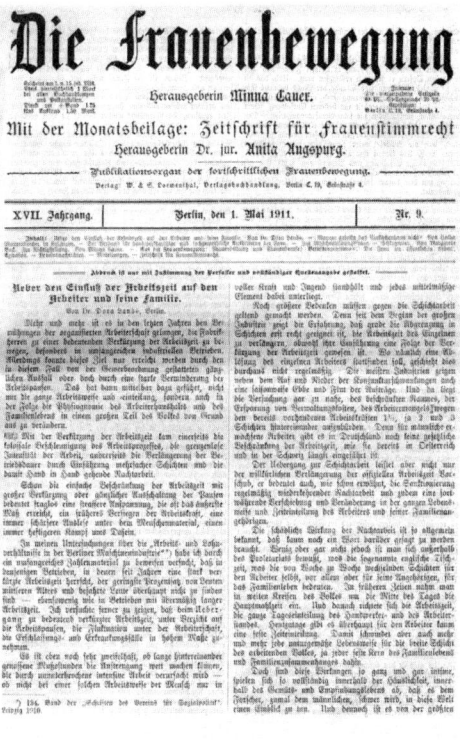

»Die Frauenbewegung«, das publizistische Organ des radikalen Flügels der bürgerlichen Frauenbewegung, wurde 1895 von Minna Cauer und Lily Braun gegründet und bestand bis 1919.

Da trotz Lobbyarbeit der Frauenvereine bei der parlamentarischen Durchsetzung des Frauenwahlrechts nur von wenigen männlichen Abgeordneten Unterstützung zu erwarten war, gründeten Anita Augspurg und Lida Gustava Heymann 1902 in Hamburg den *Deutschen Verein für Frauenstimmrecht*, 1903 umbenannt in den *Deutscher Verband für Frauenstimmrecht*. Auf seine maßgebliche Initiative hin bildete sich ein

Jahr darauf in Berlin der *Weltbund für Frauenstimmrecht*, der **Carrie Chapman Catt** (1859–1947) zur Präsidentin und Anita Augspurg zur Vizepräsidentin wählte. Aus den USA angereist war auch die vierundachtzigjährige Susan B. Anthony (1820–1906), die zur Ehrenpräsidentin ernannt wurde. Mit dem Fall des Vereinsgesetzes 1908, wodurch den Frauen in Deutschland die Mitgliedschaft in politischen Parteien möglich wurde, zeigte sich sehr schnell, dass die Parteien jetzt zwar um Frauen warben, aber dennoch keine die staatsbürgerliche Gleichheit der Geschlechter in ihr Programm aufnahmen. Der Kampf um das Frauenwahlrecht blieb weiterhin Sache der Radikalen.

1908 war auch das Jahr, in dem Großbritanniens Suffragetten die Taktik ihres Kampfes für das Wahlrecht änderten. Seit der Gründung der *Women's Social and Political Union* (WSPU) im Jahr 1903 durch **Emmeline Pankhurst** (1858–1928) sowie ihre Töchter **Christabel** (1880–1958) und **Sylvia** (1882–1960) hatten sie einen äußerst offensiven, aber friedlichen Kampf geführt. Unter dem Motto »Deeds, not words« tauchten überall in London ihre Agitatorinnen auf, lockten mit einer Glocke Zuhörer an, stiegen auf einen mitgebrachten Stuhl und warben lautstark für das Frauenstimmrecht. In großen Auflagen wurden Wahlrechtspublikationen gedruckt, die Frauen traten mit Sandwich-Plakaten, Wimpeln, Fahnen und Schärpen auf und verteilten Postkarten, Abzeichen oder auch Seifen.

Am 21. Juni 1908 kam es in London zu einer bis dahin mächtigsten Kundgebung für das Frauenwahlrecht, organisiert von der *National Union of Woman's Suffrage Societies* (NUWSS). Die WSPU hatte sich von der NUWSS einst distanziert, da deren Kampfmethoden ihnen zu gemäßigt erschienen, nun aber demonstrierten die Anhänger aller Frauenorganisationen, auch der WSPU, gemeinsam. 250 000 Men-

Aufklärungsflugschrift der WSPU im Kampf um das Frauenwahlrecht, 1913: What is a Vote? – Was bedeutet Stimmrecht?

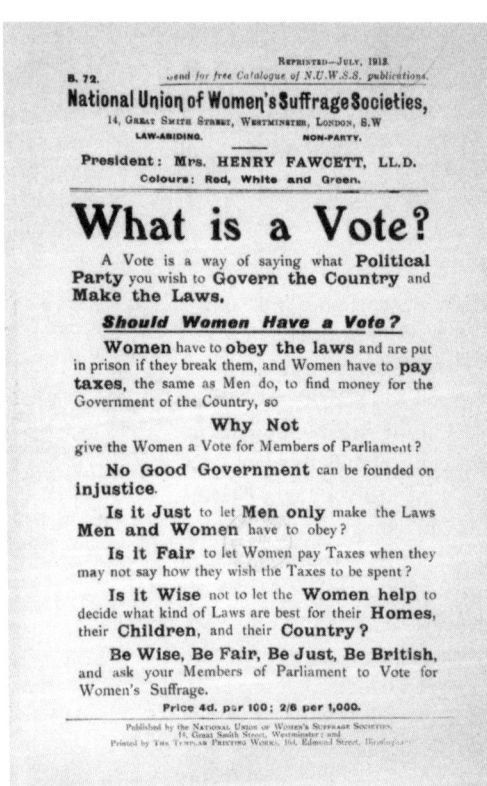

schen – andere Quellen sprechen gar von einer halben Million – fanden sich im Hyde Park zusammen. Gekleidet in den Farben der Suffragettenbewegung Violett, Weiß, Grün forderten die Frauen ein Treffen mit dem neuen Premierminister, dem Liberalen Herbert Henry Asquith. Unter den Liberalen gab es etliche Befürworter des Frauenwahlrechts, und so hatte die Frauenbewegung im vergangenen Jahrzehnt deren Politik unterstützt. Vergeblich. Seit sie 1905 Regierungspartei geworden war, zeigte sich, dass die Frauen nicht auf sie zählen konnten, vor allem Herbert Henry Asquith verweigerte eine Änderung der Gesetze zugunsten der Frauen – so wie auch jetzt das Treffen.

Als auch spätere friedliche Kampagnen erfolglos blieben und die Polizei im Juli eine weitere Demonstration gewaltsam auflöste, zogen aufgebrachte Frauen der WSPU zur Downing

Street Nr. 10. Hier gingen erste Fensterscheiben zu Bruch. Es war die Initialzündung einer neuen Taktik der WSPU. Nun begann man, mit zerstörerischen Aktionen auf das eigene Anliegen aufmerksam zu machen. Man attackierte Abgeordnete auf offener Straße, sprengte Parteiversammlungen, stiftete Unruhe, wo es nur ging. Hunderte Frauen wurden daraufhin inhaftiert und in den Gefängnissen behandelt wie Kriminelle, statt wie gefordert als politische Gefangene. Zum ersten Mal protestierte **Emily Wilding Davison** (1872–1913) dagegen mit einem Hungerstreik, der fortan eine Form des Widerstands der WSPU wurde. Man konnte so eine vorzeitige Haftentlassung erzwingen, allerdings nur bis der Staat zur folterähnlichen Zwangsernährung überging. Mehr als tausend Frauen waren ihr ausgeliefert. Doch sie ließen sich nicht unterkriegen, kaum waren sie aus den Gefängnissen entlassen, starteten sie neue Aktionen.

Als die Regierung Asquith dann im Februar 1912 das allgemeine Wahlrecht nur für Männer ankündigte, war das für die rebellischen Frauen der WSPU wie ein Fanal. Gegen das, was nun folgte, erschienen

Emmeline und Christabel Pankhurst wurden viele Male inhaftiert, so auch am 21. August 1908. Das Foto zeigt sie in der Häftlingskleidung des Frauengefängnisses Holloway in London.

die bisherigen Gewalttaten harmlos. Zerstörung von Eigentum avancierte zum Programm der WSPU. Rasenflächen wurden mit Säure verätzt und die Forderung nach »Votes for Women« eingebrannt, Briefkästen gesprengt, Bootshäuser, leerstehende Sommerhäuser, Sportstätten in Brand gesetzt, Sprengstoff in Gebäuden gezündet. Und nach dem Tod der von ihren Mitkämpferinnen als Märtyrerin verehrten Emily Wilding Davison im Juni 1913 nahm der Kampf der Suffragetten noch heftigere Ausmaße an, ähnelte nun bürgerkriegsähnlichen Zuständen.

Nicht alle Anhänger der WSPU aber trugen diese Entwicklung mit. Auch Sylvia Punkhurst missbilligte sie – weil durch den militanten Kampf für das Wahlrecht die sozialen Ziele zunehmend aus dem Blick gerieten. Anliegen der Arbeiterinnen, für die sich auch die aus dem Proletariat stammende Aktivistin **Annie Kenney** (1879–1953), Vorstandsmitglied der WSPU, engagierte, spielten kaum mehr eine Rolle. Niemand kann heute sagen, wohin die Eskalation der Gewalt noch geführt hätte, wenn sie nicht abrupt von der WSPU selbst gestoppt worden wäre. Mit Ausbruch des Ersten Weltkriegs im August 1914 stellte die WSPU alle Aktionen ein und erklärte den Schulterschluss mit der Regierung. Nicht mehr der Sache der Frauen, sondern dem Vaterland im Krieg galt jetzt das Engagement.

Ganz anders die Radikalen in Deutschland. Gegen den Widerstand auch der hiesigen bürgerlichen Frauenbewegung sprachen sie sich schon zu Beginn des Krieges gegen das Völkermorden aus und engagierten sich in der internationalen Frauenfriedensbewegung. Von Lida Gustava Heymann, Anita Augspurg und der niederländischen Ärztin **Aletta Jacobs** (1854–1929) organisiert, fanden sich im April 1915 über tausend Teilnehmerinnen aus zwölf Nationen zum *Internationalen Frauenfriedenskongress* in Den Haag ein; zur Kongressvorsitzenden wählten sie **Jane Addams** (1860–1935) aus den USA. Die Delegierten forderten ein sofortiges Kriegsende, stießen damit jedoch auf noch wenig Resonanz – nicht zuletzt, weil große Teile Frauenbewegung in den einzelnen Ländern sich nun in den Dienst ihrer kriegführenden Regierungen stellten.

Frauenrechtsdemonstration durch New York, Mai 1913

Hedwig DOHM

1831–1919

Eine der Frauen, die sich mit Energie in das publizistische Schlacht-getümmel für die Sache der Frauen stürzte, war Hedwig Dohm, geboren als Marianne Adelaide Hedwig Schlesinger in Berlin. Besonders zwischen 1872 und 1876 veröffentlichte sie ironisch-polemische Schriften, wie man sie zuvor in Deutschland kaum von Frauen kannte, vielleicht auch Frauen nicht zugetraut hätte. Mit diesen Texten, ungemein angriffslustig und ungemein sarkastisch, erregte Hedwig Dohm Aufsehen und natürlich auch Missbilligung, und letztere nicht nur von jenen Männern, die sie angriff, sondern auch von Frauen, die ihre verbale Aggressivität nicht schätzten.

Dohm entstammte einer Familie mit achtzehn Kindern, von denen – wie üblich – nur die Knaben ein Gymnasium besuchten, die junge Hedwig aber im Alter von fünfzehn Jahren die Schule verlassen und im Haushalt helfen musste. Die Verärgerung über diese Benachteiligung als Mädchen war später das wesentliche Motiv für ihre emanzipatorische Arbeit. Immerhin durfte sie ein Lehrerinnenseminar besuchen, wodurch sie genaueren Einblick in pädagogische Aufgaben erhielt, zugleich aber auch erkannte, dass die Ausbildung von Lehrerinnen (und damit auch die von Schülerinnen) unzureichend war. Sie heiratete jung den leitenden Redakteur des Satireblattes »Kladderadatsch« Ernst Dohm, den ein Bankier als immer witzig und niemals zahlungsfähig charakterisierte. Mit ihm führte sie in Berlin ein großes Haus, in dem die künstlerische und literarische Prominenz der Zeit verkehrte. Auch nach dem Tod ihres Mannes behielt Hedwig Dohm den Jour fixe bei, beteiligte sich an politischen Diskussionen und, anders als ihre bürgerlichen Mitstreiterinnen, setzte sie sich auch für das Stimmrecht für Frauen ein. Ihr soziales Engagement war also erheblich weiter und erheblich revolutionärer gefasst als das der zwar auf Reformen zielenden, aber stärker konsensorientierten Frauenbewegung. Umso enttäuschter dürfte sie möglicherweise gewesen sein, als ihre Enkelin Katia Pringsheim, die extern Abitur gemacht hatte und mit Sondergenehmigung in München Naturwissenschaften studierte, alles aufgab, um zu heiraten – immerhin hieß der Zukünftige Thomas Mann.

„Fordert das Stimmrecht, denn nur über das Stimmrecht geht der Weg zur Selbständigkeit und Ebenbürtigkeit, zur Freiheit und zum Glück der Frau."

Hedwig Dohm griff frontal und außerordentlich aggressiv all jene hochmögenden Männer an, die als Professor, Pfarrer, Mediziner meinten, sie wüssten, was Frauen könnten und vor allem, was sie dürften und was man ihnen verbieten müsste. Diese Herren waren vermutlich höchst erstaunt und indigniert, derart von einer Frau vorgeführt und lächerlich gemacht zu werden. Ein von Dohm besonders geschätzter Sparringspartner war der Münchner Anatom Theodor von Bischoff, dem sie 1874 in dem Essay »Die wissenschaftliche Emanzipation der Frau« einen »technischen k.o.« bescherte. Bischoff behauptete, die Frau sei zur Wissenschaft ungeeignet, da sie zu emotional sei. Schon diese These führt Dohm mit einem (fiktiven) Beispiel ad absurdum: »Frau B. hat eine Professur der Geschichte inne. Sie soll von den Gräueltaten der römischen Kaiserzeit berichten. Da erstickt der Schmerz um die Ermordeten ihre Stimme, der Abscheu raubt ihr den Atem, sie verliert den Faden der Gedanken und muss ohnmächtig hinausgetragen werden.« Obendrein – so Bischoff – sei das Gehirn der Frau kleiner als das des Mannes, weshalb sie an seine Denkfähigkeit nicht heranreiche. Nach Bischoffs Tod stellte man angeblich fest, dass sein Gehirn etwas leichter war als das Durchschnittsgewicht weiblicher Hirne.

Die Texte von Hedwig Dohm zu lesen ist immer noch ein Vergnügen. Leider wird dieses Vergnügen durch die Tatsache etwas gemindert, dass manche Aussagen von ihr auch heute nicht überholt sind.

Hedwig Dohms Schrift »Erziehung zum Stimmrecht der Frau«, aus dem der folgende Ausschnitt stammt, erschien 1908 und wurde vom *Preußischen Landesverein für Frauenstimmrecht* verbreitet; noch im selben Jahr erschien eine zweite Auflage.

»Der Wille Gottes wird gegen das Frauenstimmrecht mobil gemacht. Ich meine, dieser allzu menschliche Gott lässt mit sich reden. Hält er es nicht stets mit den Erfolgreichen? [...]

Erobert das Stimmrecht, meine Schwestern, und ihr werdet diesen Gott an eurer Seite finden. [...] Vorwärts! Aufwärts! Meine flügelstarken Schwestern! Keine Höhe sei euch zu hoch, keine Ferne euch zu fern. Die Luft ist befahrbar geworden. Auch das nebelhafte, vermeintliche Luftschloss eurer Emanzipation wird bewohnbar werden.

Vor euch – seht – das Land, das ihr mit der Seele suchet, seit Jahrtausenden, das Land, das euch geistiger, sexueller und physischer Not entheben soll.

Diejenigen, die euch mannhaft die gefährlichen Flügel stutzen wollen, kommen mir wie die Weltdamen vor, die böse werden, wenn andere Frauen ihre Kleiderfacons nachahmen. Sie meinen, dass ihre Kleider damit entwertet werden. So meint der Mann, die Wissenschaft und die Politik würden entwertet, wenn die Frau sich daran beteiligt.

Dessen seid sicher: Rechte ohne Macht bedeuten nichts. So lange ihr politisch rechtlos bleibt, müsst ihr euch mit den Brosamen begnügen, die von des Herrn Tische fallen. Der Mann ist der geladene Gast beim Lebensmahl, ihr – die Zaungäste. Nur durch eine aktive Mitwirkung der Gesetzgebung könnte ihr eure Rechte als Mutter, Gattin, Erwerberin erfolgreich wahrnehmen.

Ich lächle in mich hinein, wenn ich daran denke, wie allmählich die Frage des Frauenstimmrechts sich entwickelt hat. Erst lachten alle. Einige Jahrzehnte lachte die Majorität. Heut lacht nur noch die Minorität. Wer zuletzt lacht, lacht am besten – die Frauen. Noch wenige Jahrzehnte und das Frauenstimmrecht wird eine Selbstverständlichkeit sein. Ja, der Mann der Zukunft wird schon mit der Vorstellung der absolut gleichberechtigten Frau geboren werden. [...]

Lernt eure Kraft kennen, meine sanften Schwestern, lasst eurem gerechten ethischen Furor die Zügel schießen. Entreißt dem Mann das Monopol der Gesetzgebung. Monopole sind Hemmschuhe der Entwicklung. Mit solchem Monopol bildet das starke Geschlecht einen Männertrust, der sich gegen die Beteiligung der Frau an den gewinnbringenden Geschäften des Lebens wendet.
Das Stimmrecht fordert!«

Helene STÖCKER

1869-1943

»Alle in uns liegenden Kräfte zu entwickeln, den Mut zu uns selber, zu unser eigenen weibermenschlichen Natur zu haben; lernen uns selber Gesetze zu geben, die Rangordnung der Werte durch uns für uns zu bestimmen; das ist die Befreiung vom Banne der asketischen Moral vergangener und vergehender Kulturen und Traditionen, das ist auch die Befreiung von der männlichen Weltanschauung«, schreibt 1906 die Frauenrechtlerin, Sexualethikerin und Pazifistin Helene Stöcker. Die aus Wuppertal stammende promovierte Philosophin ist dafür bekannt, inmitten der Prüderie des wilhelminischen Zeitgeistes Fragen der Sexualmoral öffentlich zur Sprache zu bringen, womit sie offenbar auch gegen die streng calvinistische Erziehung in ihrem Elternhaus rebelliert. Helene Stöcker entwickelt Grundsätze einer »neuen Ethik«, in denen sie für die Anerkennung nichtehelicher Lebensgemeinschaften, für Sexualaufklärung und Empfängnisverhütung sowie die Einführung einer staatlichen Mutterschaftsversicherung plädiert. 1905 gründen Helene Stöcker und ihre Mitstreiterinnen aus der radikalen Frauenbewegung den *Bund für Mutterschutz* und die Zeitschrift »Neue Generation«, um praktische soziale Tätigkeit mit Aufklärung im weitesten Sinn zusammenführen. Die damit verbundene Forderung nach einem Abtreibungsrecht löst bei den konservativen Frauenvereinen jedoch heftigen Widerspruch aus, sie werfen Helene Stöcker »Dirnenmoral« vor.

Trotz vielfältiger Angriffe hält Helene Stöcker unbeirrt an ihren Maximen fest, dass Berufstätigkeit, politische Partizipation und sexuelle

Autonomie die Voraussetzungen für die Emanzipation der Frauen sind. Um die wirtschaftliche Unabhängigkeit auch der nicht berufstätigen Frauen zu gewährleisten, schlägt sie eine grundsätzliche Bezahlung der Hausfrauen und Mütter vor. Und mit der Befreiung aus unmittelbaren ökonomischen Zwängen soll das »Recht auf Liebe« einhergehen.

Am 1. Januar 1902 gründet sie neben Minna Cauer, Lida Gustava Heymann und Anita Augspurg den *Verband für Frauenstimmrecht* und 1903 übernimmt sie die Redaktion der Zeitschrift »Frauen-Rundschau« für zwei Jahre. Ihre wichtigste Aufgabe sah die »Frauen-Rundschau« darin, »bei klarer Erkenntnis und energischer Bekämpfung vorhandener Schäden und Mißstände, unter denen die Frau noch leidet, doch vor allem die Trennung und Entfremdung zwischen den Geschlechtern vermindern zu helfen« [, denn] »was wir nun wollen, wir in der jungen strebenden Frauengeneration, das ist mehr als die Philister hüben und drüben sich träumen lassen. Nicht nur die Möglichkeit, Zahnarzt und Rechtsanwalt zu werden [...] alles und mehr verlangen wir, eine neue Menschheit [...] Nein! Nein! nicht Mann sein wollen, [...] was sollte uns das helfen!«

Der Kriegsausbruch im August 1914 trifft sie »wie Blitz und Donner aus heiterem Himmel«, erinnert Stöcker sich zehn Jahre später. »Ich vermochte es nicht zu fassen, dass so etwas in der Tat noch zwischen den am höchsten stehenden Kulturstaaten Europas möglich sei [...] dies törichte Zerreißen der anderen Nationen, diese Entfesselung aller brutalen Instinkte. Die mühsame jahrhundertelange Arbeit sittlicher Verfeinerung – ein großes Umsonst!« Erschüttert nimmt sie zur Kenntnis, dass von ihr geschätzte Wissenschaftler und Künstler wie Werner Sombart und Gerhart Hauptmann in einem »Aufruf an die Kulturwelt« den Krieg als notwendiges Mittel zur Rettung der deutschen Kultur befürworten und enge Freunde sich freiwillig zum Militär melden.

Helene Stöcker setzt sich nun intensiv mit dem Thema Krieg und Frieden auseinander. Ihre Idee des Mutterschutzes erweitert sie zu einem Konzept des »Menschenschutzes«, womit sie ein eindeutiges Bekenntnis zum Pazifismus ablegt: »Wie gegen die Rohheit und Gewaltmoral im Geschlechtsleben wollen wir gegen das Prinzip des erlaubten – ja verdienstlichen – Menschenmordens den bewussten Willen zum Kampf allgemein wecken und stärken.« Seit 1892 ist sie schon Mitglied der von Bertha von Suttner gegründeten Friedensgesellschaft und beteiligt sich jetzt darüber hinaus an verschiedenen pazifistischen Initiativen und Verbänden. Sie nimmt am Frauenfriedenskongress 1915 in Den Haag teil und zählt zu den Mitbegründerinnen des von Frauen und

Männern gemeinsam ins Leben gerufenen *Bundes Neues Vaterland*, eine der bedeutendsten pazifistischen Organisationen während des Krieges; 1922 wird daraus die *Deutsche Liga für Menschenrechte*.

Euphorisch begrüßt Helene Stöcker das Ende des Krieges und den Ausbruch der Revolution. Sie reist nach München, um Kurt Eisner bei der Schaffung der bayerischen Republik zu unterstützen und ruft »zu den Waffen – des Geistes und der Güte«. Ihre Hoffnung auf eine nahe, vom Friedenswillen aller geprägte Zukunft Deutschlands sieht sie jedoch schnell enttäuscht. Angesichts der gewaltsamen Niederschlagung des Spartakusaufstandes im Januar 1919 durch Regierungstruppen notiert sie resigniert: »Für uns als Vorkämpfer der Gewaltlosigkeit, der Verständigung einer menschlichen Kultur ist es tief entmutigend, zu sehen, dass also offenbar Deutschland noch nichts gelernt hat [...] Doppelt furchtbar, nach den vier Jahren des schauerlichen Krieges draußen ansehen zu müssen, wie alle Mittel der Vernichtungskunst nun im eigenen Lande (wie in einem Bruderkrieg) gegen Andersdenkende verwendet werden.«

Dennoch versinkt sie nicht im Defätismus, sondern setzt ihre Arbeit für die Friedensbewegung fort. Aus der Verantwortlichkeit der Männer für den gerade geführten Krieg leitet sie eine Pflicht der Frauen ab, sich gegen Gewalt und Grausamkeit zu wenden. In dieser Hinsicht ähnelt Helene Stöckers Haltung der Lida Gustava Heymanns, die von einer ursprünglichen Friedfertigkeit der Frauen überzeugt ist und daraus folgert, dass nur eine größere Frauenmacht weitere Kriege verhindern kann.

> „Ganz im Gegensatz zum kategorischen Imperativ, dass jeder Mensch als Selbstzweck, nicht als Mittel zu betrachten sei, ist die Frau in der alten Sexualmoral bisher nicht als Mensch, als Seele, als Persönlichkeit gewertet worden, sondern als Sache, als Leib, als Mittel zum Genuss oder Kindergebärerin."

Während der Weimarer Republik wendet Helene Stöcker sich wieder verstärkt ihren Ideen der »neuen Ethik« zu, denn sie hat nun die Hoffnung, dass es nach der Etablierung des Frauenwahlrechts und der Verankerung der Gleichberechtigung von Mann und Frau in der Weimarer Verfassung möglich sein wird, diese Ideen zu verwirklichen. In der »Neuen Generation« setzt sie sich entschieden für das Recht der Frauen auf Geburtenkontrolle und eine Geburtenplanung nach sozia-

„Klarer zeigt sich doch vielleicht nirgends die ganze Brutalität menschlicher Zustände als auf dem sexuellen Gebiet."

len Gesichtspunkten ein. Und es scheint, als ob die Nachkriegsgesellschaft wesentlich aufgeschlossener gegenüber solchen Gedanken ist. Nicht zuletzt sieht sie eine Chance zur Umsetzung ihrer Forderung durch die in der Weimarer Republik an die Öffentlichkeit tretenden Sexualreformer. So greift das im Juli 1919 von Magnus Hirschfeld in Berlin gegründete *Institut für Sexualwissenschaft* bei der Einrichtung von Ehe- und Sexualberatungsstellen auf die Erfahrungen des Bundes für Mutterschutz zurück. 1924 nennt sich ihr Bund dann auch *Deutscher Bund für Mutterschutz und Sexualreform* und verbindet sich ein Jahr später organisatorisch mit dem Hirschfeld-Institut. Die »neue Frau«, berufstätig, ökonomisch unabhängig, die im Weltkrieg ihre Bereitschaft und Fähigkeit zur gesellschaftlichen Mitarbeit bewiesen hat, steht nun im Mittelpunkt des gesellschaftlichen Diskurses um die von Helene Stöcker formulierte »Krise von Ehe und Familie«. Auch in den Zwanzigerjahren fordert sie damit den heftigen Widerspruch konservativer Frauenvereine heraus, die den Verfall der Sittlichkeit fürchten, findet aber ebenso Zuspruch bei vielen berufstätigen jungen Frauen.

Für die Hoffnung auf eine »Durchdringung der Kultur« mit Helene Stöckers Vorstellung von individueller Selbstbestimmung ist die Zeit aber noch nicht gekommen – für die Erreichung dieses Ziels werden auch noch die nächsten Generationen ihre Kraft einsetzen müssen.

Titelseite der von Helene Stöcker herausge-
gebenen Zeitschrift »Mutterschutz«, 1905

Anita AUGSPURG & Lida Gustava HEYMANN

1857-1943 / 1868-1943

Anita Augspurg und ihre Lebensgefährtin Lida Gustava Heymann sind keine Sozialistinnen, doch ist die Revolution von 1918 für beide das wohl bedeutendste Ereignis ihres politischen Lebens. Am 8. November, so erzählt Lida in ihrem Buch »Erlebtes – Erschautes«, klingelt bei ihr in Hamburg das Telefon, aus München meldet sich Anita: »Bayern Republik! Kurt Eisner hat das Wahlrecht für Frauen proklamiert, Deutschland muss folgen.« Das Frauenwahlrecht, dessen Durchsetzung bis dahin ihr unermüdlicher Kampf gegolten hat, ist nun Wirklichkeit.

Anita Augspurg und Lida Gustava Heymann, undatiert

Begegnet sind sich Anita Augspurg und Lida Gustava Heymann erstmals auf dem 1896 nach Berlin einberufenen *Internationalen Frauenkongress*. Wie Lida später schreibt, waren beide zu diesem Zeitpunkt völlig unabhängige, von »hemmendem Familienanhang« emanzipierte, freie Menschen. Anita Augspurg hatte in jungen Jahren mit einer Freundin das sehr erfolgreiche Fotostudio Hof-Atelier Elvira in München geführt, sich dann aber zu einem Jurastudium in Zürich entschlossen, um besser für den Kampf um die Frauenrechte gerüstet zu sein. 1897 kehrt sie von dort als Doktor der Juristerei zurück, und fortan gehen Anita Augspurg und Lida Gustava Heymann ihren Weg gemeinsam. Heymann, die über ihr soziales Engagement zur Frauenbewegung stieß, und die engagierte Frauenrechtlerin Augspurg werden zu Zentralfiguren der radikalfeministischen Bewegung. Es ist die Kompromisslosigkeit, mit der sie das Ziel der Gleichberechtigung verfechten, die ihre Haltung von der der bürgerlichen Frauenvereine unterscheidet. 1902 hatten sie deshalb in Hamburg den *Deutschen Verein für Frauenstimm-recht* mitbegründet. Im Mitspracherecht der Frauen sahen Anita und Lida von jeher eine unabdingbare Voraussetzung für die Entwicklung einer friedliebenden Gesellschaft, sind gar der Auffassung, »ein Europa mit Frauenwahlrecht wäre keinem Weltkrieg zum Opfer gefallen«.

Radikal vertreten sie also auch ihren pazifistischen Standpunkt. Sie gehören zu den Mitbegründerinnen des auf dem Haager Frauenfrie-denskongress 1915 gebildeten *Internationalen Komitees für dauernden Frieden* und agitieren wieder auf dem Züricher Folgekongress im Mai 1919, wo sich das Ko-mitee in *Internationale Frauenliga für Frieden und Freiheit* (IFFF) umbenennt.

„Ein Europa mit Frauenwahlrecht wäre keinem Weltkrieg zum Opfer gefallen."

Auch privat gehen die beiden keine Kompromisse ein: So machen sie von Beginn an keinen Hehl aus ihrer Zusammengehörig-keit und sind keineswegs bereit, sich in ihrem Verhalten oder auch in ihrem äußeren Erscheinungsbild weiblichen Konventionen zu unterwerfen. Schon lange bevor es Mode wird, haben sie kurz geschnittenes Haar, tragen bequeme Kleider und Pluderhosen, fahren in sportlichem Aufzug Fahrrad und reiten im Herrensitz. Anita liebt das Landleben und erholt sich von den anstrengenden politischen Aktivitäten im Alpenland, wo sie alte Bauernhöfe wieder herrichtet, Blumengärten und Parks anlegt. Sowohl Anita als auch Lida kommen aus wohlhabenden Familien und können sich einen gehobenen Lebens-stil leisten, den sie gerne und ausgiebig genießen.

Das Ende des Königreichs Bayern am 7. November 1918 und die Ausrufung der bayerischen Republik – der Münchner Räterepublik – durch den USPD-Politiker Kurt Eisner ist für Anita Augspurg unmittel-bares Signal zur Mobilisierung aller Frauen. Anita Augspurg selbst wird Mitglied des provisorischen bayerischen Parlaments, Lida Gustava Hey-mann in der Erziehungskommission. »Nun begann ein neues Leben! [...] Endlich konnten Frauen aus dem Vollen schaffen. Frauenmitarbeit war auf allen politischen und sozialen Gebieten erwünscht.«

Mit großem Elan widmen sich die beiden den neuen Aufgaben und hoffen, nun ihre längst erarbeiteten Konzepte für ein demokrati-sches Staatsgebilde umsetzen zu können. Dazu gehören vorrangig die gleichen Rechte für Mann und Frau, die Öffnung aller Berufe und staat-licher Behörden für Frauen, eine Überarbeitung des Familienrechts, die Gleichstellung ehelicher und unehelicher Kinder, keine Diskriminierung lediger Mütter und die Aufhebung des Paragrafen 218. Anita Augspurg kandidiert darüber hinaus für die im Dezember stattfindenden Wahlen des Bayerischen Landtags. Zum Wahlkampf ziehen die Frauen in die oberbayrischen Dörfer: »Mit Rucksäcken beladen, die das erforderliche Propagandamaterial und eine Glocke enthielten, durchwanderten die Frauen die Gegend von Dorf zu Dorf. Mit der Glocke wurde kräftig geklingelt, um die Bevölkerung in Schule oder Wirtshaus zur Versammlung zu laden. [...] [Die Frauen] zeigten reges Interesse, richteten sachliche Fragen an die Rednerinnen, über Ehe- und Erziehungsrecht der Frau sowie ihre ökonomische Stellung im neuen Staat. Bei einigen Bäuerinnen zeigte sich das Interesse so lebendig, dass sie sich den Rednerinnen anschlossen, mit ihnen durch den hohen Schnee ins nächste Dorf stapften. Sie halfen ihnen, trugen die Rucksäcke, gingen mit der Klingel von Haus zu Haus, holten die Frauen zur Versammlung.« Genügend Stimmen für den Einzug in den Landtag erhält Anita Augspurg dennoch nicht. Davon jedoch keineswegs entmutigt, plädieren Augspurg und Heymann zu den Wahlen der deutschen Nationalversammlung am 19. Januar 1919 für die Aufstellung von Frauenlisten mit weiblichen Kandidaten aller Parteien sowie parteilosen Frauen, denn es sei nicht die Aufgabe der Frauen, sich ins Schlepptau politischer Männerparteien nehmen zu lassen. Ein Projekt, das den Frauen sicher mehr Abgeordnetensitze beschert hätte, jedoch an den Vertreterinnen sowohl bürgerlicher als auch sozialistischer Organisationen scheitert.

Am 21. Februar 1919 wird Kurt Eisner von einem rechtsradikalen Studenten ermordet, und die Münchner Räterepublik findet am 3. Mai ein blutiges Ende. Für Augspurg und Heymann bedeutet dies zwar das Ende ihrer Mitarbeit in staatlichen Kommissionen, doch nicht das ihrer politischen Tätigkeit. Gemeinsam gründen sie unter anderem die Monatsschrift »Die Frau im Staat«, in der sie – häufig unter dem aus ihrer beider Vornamen zusammengesetzten Pseudonym Anilid – weiterhin ihre Positionen vertreten, obwohl in Bayern die reaktionäre Stimmung zunimmt und sie immer häufiger massiven Anfeindungen ausgesetzt sind. Als sich 1923 in München die Anhänger Adolf Hitlers ausbreiten und gewalttätige Übergriffe zunehmen, fordern Augspurg und Heymann gemeinsam mit anderen Frauen vom Innenminister Bayerns, Franz Schweyer, persönlich die Ausweisung Hitlers. Später erfahren sie, dass ihre Namen auf den von Hitlers Komplizen erstellten Listen standen, die »einen Kopf kürzer« gemacht werden sollten.

Nach der Machtübernahme der Nationalsozialisten 1933 verlassen Anita Augspurg und Lida Gustava Heymann Deutschland und emigrieren in die Schweiz.

Emmeline PANKHURST

1858-1928

»Life, strife – these two are one, / Naught can ye win but by faith and daring. / On, on, that ye have done, / But for the work of today preparing. / Firm in reliance, laugh a defiance, / Laugh in hope, for sure is the end! / March, march, many as one, / Shoulder to shoulder and friend to friend.

Leben, Kämpfen – die beiden sind eins, / Nur Glaube und Wagnis führen zum Sieg. / Auf, auf, schau nicht zurück, / Nur fest im Blick, was zu tun ist. / Stark im Vertrauen, tollkühn im Widerstand, / Auf dem Gesicht das Lachen der Hoffnung, sicher ist nur der Tod. / Marsch, marsch – viele wie Eine, / Schulter an Schulter, Freundin mit Freundin.« So lautet der Text der vierten und letzten Strophe des »March of the Women«, der Hymne der englischen Suffragetten. Nicht überliefert ist, ob die inhaftierten Frauenrechtlerinnen bis zu dieser Strophe kamen, als sie 1912 im Londoner Gefängnis Holloway den Marsch der Frauen anstimmten. Bezeugt jedoch ist, dass Ethel Smyth, die Komponistin des Liedes, »wohlwollend aus einem der oberen Fenster zusah und dazu mit bacchantischer Energie den Takt mit einer Zahnbürste schlug«.

Was zu ihrer Inhaftierung und der ihrer Mitstreiterinnen führte, hat Ethel Smyth so beschrieben: »Punkt 5 Uhr 30 an einem denkwürdigen Abend im Jahr 1912 zogen zu Kundgebungen versammelte Frauen Hämmer aus ihren Muffen und Handtaschen hervor und fingen an, systematisch in allen größeren Straßen der Londoner Innenstadt Schaufensterscheiben zu zertrümmern, beflügelt von dem Wissen, dass genau in diesem Moment Mrs. Pankhurst mit einem gezielten Steinwurf auf ein Fenster in der Downing Street 10 den Reigen eröffnete.« Downing Street 10, das war schon seinerzeit der offizielle, mitten in der Londoner Innenstadt gelegene Sitz des Premierministers des Vereinigten Königreichs. Dort residierte seit 1908 der Liberale Herbert Asquith, der den Frauen immer wieder die Reform des Wahlrechts zusicherte und genauso oft wortbrüchig wurde. Emmeline Pankhurst, die Steinewerferin an diesem denkwürdigen Abend, hatte im Jahr 1903 zusammen mit ihrer Tochter Christabel die *Women's Social und Political Union* (WSPU) gegründet. »Deeds, not words« (Taten, nicht Worte) lautete das Motto der Organisation. Sie war angetreten, den moderaten, bislang jedoch nicht sonderlich erfolgreichen Kurs der seit 1890 von Millicent Garrett Fawcett angeführten *National Union of Women's Suffrage Societies* (NUWSS) zu radikalisieren. Plan war, die Regierung durch eine neue Form der Militanz dazu zu nötigen, den Frauen endlich das Wahlrecht zuzuerkennen.

> „Wenn es für Männer richtig ist, für ihre Freiheit zu kämpfen, ist es auch für Frauen richtig, für ihre Freiheit und die ihrer Kinder zu kämpfen. Dies ist das Glaubensbekenntnis der militanten Frauen Englands."

»Die WPSU ist einfach eine Streitkraft für das Wahlrecht«, schrieb Emmeline Pankhurst. »Sie ist ausschließlich eine Freiwilligenarmee an der Front und niemand ist verpflichtet zu bleiben, der nicht leidenschaftlich an die Strategie dieser Streitkraft glaubt.« Diese Strategie, das wurde schon bald klar, schloss die Provokation der Staatsgewalt und die Gewalt gegen Sachen ein. In einer Versammlung am 17. Oktober 1912 erläuterte Emmeline Pankhurst noch einmal das Vorgehen der WSPU: »Die einzige Rücksichtslosigkeit, die Suffragetten jemals begangen haben, ist die gegen ihr eigenes Leben, nicht das von Anderen. Es war niemals die Politik der WPSU, Menschenleben rücksichtslos in Gefahr zu bringen, und wird es auch niemals sein. Wir überlassen das den Feinden. Wir überlassen das den Männern in ihren Kriegen. Das ist nicht die Methode von Frauen. Nein, selbst vom politischen Nutzen aus betrachtet, wäre Militanz, die die Sicherheit von Menschenleben gefährdet, falsch. Es gibt etwas, worum Regierungen sich weit mehr sorgen als um Menschenleben, und das ist die Sicherheit von Eigentum. Also schlagen wir den Feind, indem wir gegen Eigentum vorgehen. Seid militant, jede auf ihre Weise.«

Das waren auch insofern neue Töne, als sie eine pauschale Verurteilung der Männer durchblicken ließen. Dabei waren die Streiter der ersten Stunde für eine Teilhabe der Frauen am politischen Leben nicht zuletzt unter ihnen zu finden gewesen – was sich auch aus der Tatsache erklärt, dass allein sie ins Parlament gewählt werden konnten. Der Philosoph und Ökonom John Stuart Mill, Verfasser des Werks »Die Hörigkeit der Frau«, hatte bereits 1867 im britischen Unterhaus ein Plädoyer für das Frauenwahlrecht gehalten. Seine Mitstreiter waren damals Henry Fawcett, ein erblindeter Professor für Ökonomie, der just in diesem Jahr Millicent Garrett heiratete, sowie Richard Pankhurst, Emmelines vierundzwanzig Jahre älterer Ehemann. Pankhurst, ein sozial engagierter Jurist, trug entscheidend dazu bei, sowohl die Abschaffung der Rechtsunfähigkeit von Frauen als auch das Eigentumsrecht von Ehefrauen im Vereinigten Königreich gesetzlich zu verankern. Als ihre Männer starben, setzten Millicent Fawcett und Emmeline Pankhurst deren Engagement für die Gleichstellung der Frauen auf außerparlamentarischem Wege fort und machten sie zu ihrer eigenen Sache. Man sollte den Kampf für dieses politische Ziel also nicht nur mit zwei herausragenden Frauengestalten verbinden. Es gilt ebenso, zwei außergewöhnliche Ehen zu würdigen.

1870 hatte Richard Pankhurst im Unterhaus den ersten Gesetzesentwurf zum Frauenwahlrecht vorgelegt. Die Aussichten auf Erfolg waren zunächst nicht schlecht gewesen, doch William Gladstone, der damalige Premierminister, hatte sich dagegen ausgesprochen. Seine Begründung war ein frühes Beispiel dafür, was in der Studentenbewegung der 1960er und 1970er Jahre dann repressive Toleranz genannt wurde. »Ich habe nicht die Befürchtung, dass die Frau die Macht des Mannes an sich reißt«, sagte er, »die Befürchtung, die ich habe, ist vielmehr, dass wir sie ungewollt ermutigen, gegen die Zartheit, die Reinheit, die Vornehmheit, die Erhabenheit ihres eigenen Wesens zu handeln, die gegenwärtig die Quellen ihrer Macht sind.« Sollten die Frauen sich doch bitte weiterhin dem Bild fügen, das die Männer von ihnen hatten, und das harte, schmutzige, niedrige Geschäft der Politik ihnen überlassen.

Soll man es den Frauen verdenken, dass einige von ihnen dreiunddreißig Jahre später Taten statt Worte sprechen ließen, nachdem der Ge-

„Sie wissen, jeder von Ihnen, dass ich nicht hier stehen würde, dass ich nicht ein einziges Gesetz übertreten würde, wenn ich die Rechte hätte, die Sie besitzen, wenn ich diejenigen mitwählen könnte, die die Gesetze machen, denen ich gehorchen muss."

setzesentwurf dem Parlament noch einige Male vorgelegen hatte, aber stets gescheitert war? Emmeline Pankhurst erinnerte sich daran, wie die männlichen Landarbeiter seinerzeit das Wahlrecht erstritten hatten: »Fest steht, sie haben es erreicht, indem sie Heuschober ansteckten und mit ihrem aufrührerischen Verhalten Stärke demonstrierten – die einzige Sprache, die englische Politiker verstehen. Die Drohung, einhunderttausend Mann Richtung Unterhaus in Marsch zu setzen, würde das Gesetz nicht angenommen, verfehlte nicht ihre Wirkung und brachte den Landarbeitern das Wahlrecht.« Das sollte den Suffragisten – so nannten sich die Aktivistinnen selbst – eine Lehre sein.

Damit verglichen, muteten die von ihnen ergriffenen Maßnahmen anfangs beinahe harmlos an, auf jeden Fall hatten sie mehr Witz. So verfremdeten sie die Penny-Münze mit dem Kopf König Eduards VII.,

> „Es gibt etwas, für das Regierungen sich mehr interessieren als für Menschenleben: die Sicherheit des Eigentums. Deshalb greifen wir den Feind in seinem Eigentum an."

indem sie quer über sein Gesicht die Worte »Votes for Women« (Wahlrecht für Frauen) einstanzten und so ihre Forderung unters Volk brachten. Das war ein subtiler Angriff gegen die Obrigkeit des Staates, wie heute Neil MacGregor, der Direktor des Britischen Museums, schreibt, dessen Haus ein Exemplar eines derart von den Frauen für ihre Zwecke in Besitz genommenen Pennys ausstellt. Die Münze zeigt auf der einen Seite die stolze, starke Britannia als Verkörperung der britischen Nation, auf der anderen konfrontiert sie den Betrachter mit der Tatsache, dass der Staat die Hälfte seiner Bevölkerung von elementaren politischen Rechten ausschloss.

Eine wesentliche Rolle bei der militanten Strategie der WSPU spielte die Taktik, durch relativ harmlose Vergehen, etwa das Bespucken eines Polizisten, gerichtlich belangt zu werden, die Bezahlung der verhängten Geldstrafe zu verweigern und so ins Gefängnis zu kommen. Dadurch provozierte die Bewegung nicht nur Publizität und Aufmerksamkeit für ihr politisches Ziel, sondern auch große Anteilnahme in der Bevölkerung. Auch die Suffragetten entkamen jedoch nicht jenem unerbittlichen Gesetz der Ökonomie der Aufmerksamkeit, das die permanente Steigerung des Aufwandes verlangt, um den anfangs sich noch von leichter Hand einstellenden erwünschten Effekt zu wiederholen. Aus dem Bespucken und der Zahlungsverweigerung wurden mit der Zeit gezielte Steinwürfe, Brände, gezielte Explosionen und der Hungerstreik inhaftierter Suffragetten.

Die Regierung trieb die Eskalation voran und antwortete mit einem als »Cat and Mouse Act« bekannt gewordenen Gesetz, wonach durch Hungerstreik gefährdete Gefangene aus der Haft zu entlassen, nach ihrer Gesundung aber sofort wieder einzusperren seien. Als dieses Exempel wiederholte Male an Emmeline Pankhurst statuiert worden war, kam es zu jenem berühmten Akt von Kunstvandalismus, bei dem Mary Richardson in der Londoner Nationalgalerie Velázquez' Gemälde »Die Venus vor dem Spiegel« zerschlitzte. Als Rechtfertigung für ihre Tat gab sie an: »Ich hatte die Absicht, das Bild der äußerlich schönsten Frau in der Geschichte der Mythologie zu zerstören, um gegen die Regierung zu protestieren, die Emmeline Pankhurst zerstört hat, die innerlich schönste Frau in der Geschichte der Neuzeit.« Später schrieb sie: »Der Feldzug der Suffragetten war sehr viel mehr als ›Wahlrecht für Frauen‹. Wir waren rebellierende Frauen, angeführt und finanziert von Frauen. Wir waren im Begriff, ein neues Zeitalter für Frauen herauszuführen, und bewiesen zum ersten Mal in der Geschichte, dass Frauen imstande waren, ihren eigenen Freiheitskampf zu führen. Wir haben alte sinnlose Barrieren eingerissen, die der Fluch unseres Geschlechts waren, und wir haben die Theorie und Vorstellungen der Männer über uns Frauen zerstört.« Wahrscheinlich hat Mary Richardson recht, trotz ihres verabscheuungswürdigen Angriffs auf ein Kunstwerk und obwohl sie in den 1930er Jahren zur Anführerin der Frauensektion der Britischen Union der Faschisten wurde.

Emmeline Pankhursts Kampf für das Frauenwahlrecht, der wie viele politische Kämpfe eine Eigendynamik entwickelt hatte, bei der das anfängliche Ziel aus den Augen zu geraten drohte, brachte der Erste Weltkrieg zum Verstummen. Die entscheidenden Argumente dafür lieferten letztlich die kriegsbedingte Abwesenheit und später die erhebliche Dezimierung weiter Teile der männlichen Bevölkerung, aber auch die Bewährung der Frauen zu Kriegszeiten in traditionell männlichen Domänen. Egal ob Mann oder Frau, die Gesellschaft war, wie es Mary Richardson vorhergesagt hatte, in einen Zustand geraten, den die Viktorianer sich auch in ihren wildesten Fantasien nicht hatten träumen lassen.

Seid bereit (1911)
von Emmeline Pankhurst

Wir wollen keine Waffen benutzen, die unnötig stark sind. Wenn das Argument des Steinewerfens, dieses historisch ehrwürdige, offizielle politische Argument genügt, dann werden wir niemals stärkere Argumente anwenden. Das aber ist die Waffe und das Argument, das wir in der nächsten Zeit benutzen werden. Und so sage ich zu jeder freiwilligen Mistreiterin in dieser Art politischer Demonstration: »Seid bereit, dieses Argument zu benutzen.« Ich übernehme die Verantwortung für die Demonstration [...]

Ich benutze es nicht aus emotionalen Gründen, ich wende es an, weil es das einfachste ist und am schnellsten verstanden wird. Warum sollen Frauen auf den Parlamentsplatz gehen, sich niederschlagen und beleidigen lassen, und was am wichtigsten ist, damit weniger Wirkung erzielen als wenn sie Steine werfen? Wir haben es lange genug versucht. Wir haben uns viele Jahre lang geduldig Beleidigungen und tätlichen Angriffen ausgesetzt. Frauen wurde die Gesundheit ruiniert, Frauen verloren ihr Leben. Wir hätten sogar das in Kauf genommen, wenn es zum Erfolg geführt hätte, aber es führte nicht dazu. Wir machen mit dem Steinewerfen, mit Fenstereinschlagen viel größere Fortschritte mit weniger Verletzungen unsererseits, als wir jemals machten als wir zuließen, dass sie uns unsere Knochen brachen. – Alles in allem. Ist nicht das Leben einer Frau, ist nicht unsere Gesundheit, sind nicht unsere Glieder wertvoller als Glasscheiben? Darüber gibt es keinen Zweifel. Aber am wichtigsten ist die Frage: Hat das Zerschlagen von Glas mehr Wirkung auf die Regierung? Wenn man eine Schlacht schlägt, dann muss das die Wahl der Waffen diktieren. Gut, wir wollen jetzt versuchen, ob einfaches Steinewerfen genügt. Ich denke nicht, dass es nötig wird, dass wir uns bewaffnen wie die chinesischen Frauen, die bereit sind, das zu tun, wenn es nötig werden sollte. Wir in dieser Union verlieren nicht den Kopf. Wir gehen lediglich so weit, wie wir gehen müssen, um zu gewinnen. Und wir gehen vorwärts mit dieser Art von Protest-Demonstration in dem starken Glauben, dass diese Art der Taktik, begonnen von unseren Freundinnen, denen wir heute Abend die Ehre erweisen, sich bei nächster Gelegenheit als effektiv erweisen wird.

Zug der Suffragetten durch London:
Gebt uns Freiheit oder den Tod

Am 21. Dezember 1908 werden Emmeline (Mitte) und Christabel Pankhurst (die Zweite von links) aus Holloway entlassen und von der Familie und Mitstreiterinnen empfangen.

Christabel PANKHURST
&
Sylvia PANKHURST

1880-1958 / 1882-1960

Von Emmeline Pankhursts insgesamt fünf Kindern folgte keines so aktiv und überzeugt dem streitbaren Weg der Mutter wie ihre erste Tochter Christabel Harriette. Als »Inbild einer Erstgeborenen einer englischen Mittelklassefamilie« beschreibt sie die Historikerin Nancy Rupprecht, doch ist das Leben der politisch bewegten Familie Pankhurst alles andere als das einer konformen Bilderbuchfamilie. Neben den US-amerikanischen Frauenrechtlerclans der Stantons und Anthonys zählen auch die britischen Pankhursts zu jenen Familien, die geschlossen und entschieden für den Feminismus eintraten.

Christabel Harriette Pankhurst, 1910

  Ein Jahr vor Christabels Geburt hat Emmeline Goulden den vierundzwanzig Jahre älteren Rechtsanwalt Dr. Richard Marsden Pankhurst geheiratet, der, unter dem Spitznamen »Red Doctor« bekannt, den Sozialisten nahesteht, politisch für die Liberalen eintritt, durch radikale Forderungen hervorsticht und sich außerordentlich für das Frauenwahlrecht einsetzt. Emmeline, laut ihrer 1914 erschienenen Autobiografie bereits seit ihrem vierzehnten Lebensjahr »überzeugte Suffragistin«, findet in Richard einen politischen Lehrer. Richard hat die erste britische Wahlrechtsvorlage (»Women's Disabilities Removal Bill«) zur Beförderung des Frauenwahlrechts verfasst, die 1870 im Unterhaus debattiert wird. Mit der Eingabe scheitert er jedoch; erfolglos bleiben auch die Kandidaturen Richards 1883 und 1885 für das britische Parlament. Er verlässt daraufhin die Liberalen und wirkt fortan in der *Independent Labour Partei*. Während dieser Zeit engagiert sich Emmeline sowohl im

„Es ist unerträglich sich vorzustellen, daß noch eine Generation von Frauen beim Betteln um das Wahlrecht ihr Leben verschwenden soll. Wir dürfen keine Zeit mehr verlieren. Wir müssen handeln."

Christabel Pankhurst

sozialen Bereich als auch in Frauenrechtsorganisationen – und zieht nebenbei ihre fünf Kinder auf. Leben und Politik, eigene Kinder und allgemeines soziales Engagement gehen bei den Pankhursts immer Hand in Hand.

Christabel Pankhurst, von den jüngeren Schwestern als die bevorzugte, begünstigte der Geschwister beneidet, wird schon früh auf politische Versammlungen mitgenommen. Durch die juristische Arbeit ihres Vaters und das Engagement ihrer Mutter in der Armenrechtspflege erkennt sie früh die Bedeutung der politischen Mitsprache, begreift wie wichtig es für die Frauen egal welchen Standes und Alters ist, eine Stimme und damit eine Wahl zu haben. Über ihre Erfahrungen schreibt Emmeline Pankhurst: »Ich hatte geglaubt, lange bevor ich eine Armenrechtspflegerin wurde, eine überzeugte Wahlrechtlerin zu sein, aber jetzt begann ich das Wahlrecht für Frauen nicht nur als unser Recht, sondern als eine verzweifelte Notwendigkeit zu betrachten. Diese armen, hilflosen Mütter und ihre Babys haben sicherlich eine wichtige Rolle bei meiner Entwicklung zur Kämpferin gespielt.« Die Notwendigkeit, hier tätig zu werden, führt im Jahr 1889 im Londoner Haus der Pankhursts am Russell Square zur Gründung der *Women's Franchise League*.

Christabel Pankhurst entscheidet sich für ein Jurastudium, obwohl sie als Frau keine Aussicht auf Zulassung als Rechtsanwältin hat, und bleibt mit ihren beruflichen Ambitionen eng mit den Eltern verknüpft. Einen bewusst anderen Weg scheint Christabels zwei Jahre jüngere Schwester Estelle Sylvia einschlagen zu wollen, als sie nach Abschluss der Schule ein Kunststudium in Manchester aufnimmt. Während Sylvia die Lebensverhältnisse der britischen Arbeiter in Skizzen und Bildern einfängt und studiert, wird Christabel zur ständigen Begleiterin und rechten Hand der Mutter. Als Richard Pankhurst 1898 überraschend stirbt, vereinen sich alle weiblichen Mitglieder der Pankhurst-Familie – neben Christabel und Sylvia auch die dreizehnjährige Adela (1885–1961) – im Kampf für die politische Sache.

Im Jahr 1903 gründen Emmeline und Christabel Pankhurst zusammen mit vier weiteren Mitstreiterinnen in Manchester die *Women's Social and Political Union* (WSPU) mit dem ausschließlichen Ziel des Kampfes für das allgemeine Frauenwahlrecht, um »alle um ein Ziel zu vereinigen«. Die Bewegung versteht sich als radikal-bürgerlich, getragen von der Idee des gewaltlosen Widerstandes – womit sie sich von den anderen britischen Frauenrechtsorganisationen abhebt, die die Nähe zu politischen Parteien suchen und die Idee vertreten, auf parlamentarischem Wege, also per Einfluss auf die politischen Parteien, die eigenen Ziele durchzusetzen. Anders die bald unter strenger Pankhurstscher Führung stehende WSPU, die ihren Kampf gegen die politischen Parteien – und damit gegen die Verhinderer des Frauenwahlrechts – ankündigt. Publizistisches Organ der Union wird die Zeitschrift »Votes for Women«.

Für die erste provokante Aktion der WSPU wählt Emmeline Pankhurst keine Geringere als ihre älteste Tochter Christabel und die 1905 neu zur Gruppe gestoßene Annie Kenney (1879–1953): »Der Frauenunion waren inzwischen einige sehr bedeutende Mitglieder beigetreten, und Geld begann uns zuzufließen. Unter unseren neuen Mitgliedern war jemand, der eine wichtige Rolle während der dramatischen Entwicklung der militanten Frauenbewegung spielen sollte: [...] ein junges Mädchen, Annie Kenney, eine Spinnereiarbeiterin und begeisterte Anhängerin der Wahlrechtsbewegung. [...] Mit ihrer Hilfe begannen wir unsere Überzeugungsarbeit auf ein völlig neues Publikum auszuweiten«, schreibt Emmeline Pankhurst in ihrer Autobiografie. Am 13. Oktober 1905 nehmen die beiden jungen Frauen an einer öffentlichen Versammlung der Liberalen teil und fragen vor dem Gremium selbstbewusst und direkt, ob die Partei, käme sie bei der bevorstehenden Wahl an die Macht, Schritte unternehmen werde, Frauen das Wahlrecht zu geben. Auf Stille folgt Unruhe und Tumult im Saal, nach wiederholter Frage und Enthüllung des Transparents »Votes for Women« versucht man gewaltsam, die beiden Frauen hinauszuwerfen. Es kommt zu Handgreiflichkeiten und zur Verhaftung der Aktivistinnen. Christabel und Annie wählen statt der Geld- freiwillig eine Gefängnisstrafe. Die landesweite Berichterstattung darüber macht die WSPU über die Grenzen Londons hinaus bekannt. Ihre Forderungen stoßen nun auf eine viel breitere Resonanz als bisher, sodass sich die Frauen in ihrem gewählten Weg des aktiven Widerstandes bestätigt sehen.

Diesem ersten Akt des entschlossenen Widerstands werden unzählige folgen. Die Aktivistinnen organisieren sich geschlossen und durchdacht – Steinwürfe, Brandanschläge und andere Sachbeschädigungen halten die Polizei in Schach, um anderenorts Kundgebungen abhalten zu können; sie hüllen sich in Plakate, skandieren lautstark, ketten sich an das Tor der Downing Street 10; sie verbreiten Flugschriften,

Abzeichen, schwenken Fahnen und tragen einheitlich Weiß und Schärpen in Violett, Weiß und Grün. Die Suffragetten erklären sich selbst zu Heldinnen im Kampf für die gute Sache, zur Schutzpatronin wählen sie Jeanne d'Arc. Nach unzähligen legalen Versuchen, die Politik zum Frauenwahlrecht zu bewegen, sehen sie in der zunehmenden Radikalisierung den einzig gangbaren Weg, dessen Zweck auch die Mittel heiligt. Ziel ist es, die starren gesellschaftlichen und politische Formen und Überzeugungen sowie soziale Missstände durch Erringung des Frauenwahlrechts endgültig zu überwinden. Dafür schonen sie auch das eigene Leben nicht, treten in Hunger- und Durststreiks und nehmen die Torturen der Justiz auf sich, die dem waltenden »reign of terror« (Herrschaft des Terrors) Herr zu werden versucht.

Obwohl Christabel Pankhurst gemeinsam mit Annie Kenney – die die einzige hochrangige Suffragette aus der Arbeiterklasse bleiben wird – die Londoner Zentrale der WSPU aufgebaut hat, hält neben dem autokratischen Führungsstil der Pankhursts auch verstärkt elitäres Denken Einzug in die Bewegung. Die radikalen Methoden der Protestbewegung, die zunehmend bürgerkriegsähnliche Zustände schaffen, führen einerseits scheinbar dem angestrebten Ziel entgegen, stoßen andererseits aber auch viele politisch Denkende ab. Langjährige Weggefährten kehren der WSPU den Rücken oder werden zum Austritt bewegt. So auch Sylvia und Adela Pankhurst. Beide wenden sich ab, erschüttert von der ausufernden Gewalt, die auch sie am eigenen Leib ertragen mussten, und widmen sich wieder den Ursprungsideen der Bewegung – Pazifismus, sozialem Engagement und sozialistischen Ideen nach stände- und geschlechterübergreifender Gleichheit.

Christabel ist und bleibt neben Emmeline Pankhurst die wichtigste und tatkräftigste Organisatorin und Mitstreiterin der Protestbewegung. Sie verfasst – auch als Rechtsexpertin – zahlreiche Schriften und Reden, und sie wird niemals am Kampf der WSPU zweifeln. Sie lässt sich traktieren und wiederholt verhaften; erst 1913 flieht Christabel vor einer dreijährigen Haftstrafe nach Paris, um von dort aus die Aktionen weiter zu lenken. Die Radikalisierung der Suffragettenbewegung, allen voran Emmeline und Christabel Pankhurst, wird erst elf Jahre nach Gründung der WSPU im Oktober 1903 vom Kriegseintritt Großbritanniens jäh gestoppt, und es findet sich kein zweites Beispiel, das weit über die Grenzen der britischen Nation hinaus ein solch unmissverständliches Zeichen für das Frauenrecht als Menschenrecht gesetzt hat.

Estelle Sylvia Pankhurst, 1918

Emily WILDING DAVISON

1872–1913

Am 4. Juni 1913 fährt Emily Davison zu dem berühmten English Derby im südwestlich von London gelegenen Epsom, unter ihrem Man-
tel zusammengerollt die Fahne der Suffragetten. Als um 15 Uhr das
Hauptrennen in Anwesenheit der königlichen Familie beginnt, unter-
läuft Emily Davison in ihrer Suffragettentracht die Absperrung und
stellt sich mit erhobener Fahne dem galoppierenden Pferd des Königs
in den Weg. Das Pferd stürzt, schlägt mit seinen Hufen panisch um sich
und trifft Emily am Kopf. Tags darauf erkundigt sich König Georg V.
nach dem Befinden von Pferd und Jockey, beide trugen nur leichte Bles-
suren davon. Wie es Emily Davison geht, danach fragt er nicht. Sie stirbt
vier Tage später im Hospital an ihren Verletzungen. Eine letzte Ehrung
erweisen ihr die Mitkämpferinnen, schreiben auf ihren Grabstein in
Morpeth, Northumberland, »Deeds, not words«.

Das Desinteresse des britischen Königs am Schicksal Emily Davi-
sons ist deren Mitstreiterinnen einmal mehr Beleg für die Borniertheit
von Königshaus und Regierenden gegenüber der Frauenbewegung und
ihren Forderung nach politischer Mitsprache. Eine Ignoranz, die Emily
Davison schließlich zu dieser selbstmörderischen Tat veranlasst hat.

Als Tochter eines vermögenden Kaufmanns verlebt Emily Davison
in Sawbridgeworth, Hertfordshire, eine unbeschwerte Kindheit, später
zieht die Familie nach London, wo Emily die Kensington High School
besucht. Sie fällt auf durch ihre Wissbegierde, glänzt vor allem in Fran-
zösisch, Literatur und Kunst. Ihre mitreißende Unbeschwertheit macht

Emily Wilding
Davison, 1909

167

sie, die ausgezeichnet schwimmt, Rad fährt und Schlittschuh läuft, bei ihren Mitschülerinnen beliebt. Nach ihrem Schulabschluss ist sie ein Jahr in der Schweiz, wo sie auf die künftigen Aufgaben einer höheren Tochter vorbereitet wird. 1891 beginnt sie dennoch ein Literaturstudium am College in Holloway, das sie aber 1893 nach dem Tod des Vaters abbrechen muss. Die Mutter versucht zwar, ihrer Tochter die Ausbildung weiterhin zu ermöglichen, doch lassen die nunmehr knappen finanziellen Verhältnisse der Familie das nicht zu. Emily aber gibt nicht auf. Neben ihrer Arbeit als Gouvernante widmet sie sich, unterstützt von einer Kommilitonin, selbstständig den Studieninhalten, und sie spart so viel Geld, dass sie ihr letztes Semester am Frauencollege St. Hugh's Hall in Oxford absolvieren kann. Obwohl sie das College in den Fächern Biologie, Chemie sowie der englischen Sprache und Literatur mit Auszeichnung abschließt, wird ihr wie allen anderen weiblichen Studenten der akademische Grad verweigert. Eine solche Herabsetzung wie auch die vielfältigen Diskriminierungen, die sie während des Studiums schon erlebt hat, führen Emily Davison dazu, sich intensiv mit der Frauenfrage zu beschäftigen. 1906 tritt sie der *Woman's Social and Political Union* (WSPU) bei. Mit ihrem Engagement für das Frauenwahlrecht stößt sie allerdings bei ihren Arbeitgebern – seit der Beendigung des Studiums arbeitet sie als Lehrerin und Gouvernante – auf wenig Verständnis. Deren Aufforderung zum Verzicht auf jede politische Tätigkeit verweigert sie sich und kündigt. Ohne finanzielle Absicherung geht sie nach London, um sich fortan ausschließlich der Arbeit in der WSPU

> „Die Militanz von Frauen hat nur das Leben derjenigen bedroht, die diesen gerechten Kampf gekämpft haben. Nur die Zeit wird offenbaren, welcher Lohn den Frauen zugesprochen werden wird."
>
> Emmeline Pankhurst

zu widmen. Bald gehört sie zu den Aktivistinnen der WSPU, die ruhelos und mit immer militanteren Mitteln ihrer Forderung nach dem Wahlrecht Aufmerksamkeit verschaffen. Flammende Reden haltend ist sie unterwegs von Versammlung zu Versammlung und schreibt aufrührerische Artikel für die Zeitschrift der WSPU »Votes for Women«. Existieren kann sie nur dank der Unterstützung durch ihre Familie und hin und wieder auch durch Zuwendungen aus Kreisen der WSPU.

Zum ersten Mal verhaftet wird sie im März 1909 bei dem Versuch, gemeinsam mit einundzwanzig Mitstreiterinnen ins Unterhaus einzudringen, um den Premierminister zu sprechen. Der einmonatigen

Gefängnisstrafe folgt ein Vierteljahr später ein acht Wochen dauernder Arrest, weil sie Lloyd Georges Rede störte. Im Gefängnis von Holloway angekommen, zertrümmert sie sämtliches Mobiliar und singt dazu die Nationalhymne. An der Wand hinterlässt sie ihren Wahlspruch »Rebellion gegen Tyrannen ist Gehorsam gegenüber Gott«. Emily Davison ist religiös erzogen und geht regelmäßig zur Kirche. Ihre Religiosität ist geprägt von einem Hang zur Dramatik, so schwärmt sie seit ihrer Kindheit für Jeanne d'Arc. All ihre Handlungen für das Frauenstimmrecht sieht Emily, wie auch ihr historisches Vorbild, als Auftrag Gottes.

„Die gute Sache, für die wir streiten, schreit nach einer Tragödie.“

In Holloway beginnt sie ihren ersten Hungerstreik für die Anerkennung der Suffragetten als politische Gefangene. Als sie im Winter erneut verhaftet wird, tritt sie wieder in den Hungerstreik, dieses Mal aber reagiert der Staat mit Zwangsernährung. Gefesselt wird ihr vom Gefängnisarzt mit Hilfe eines Schlauchs gewaltsam Nahrung eingeführt. Um einem erneuten Gewaltakt dieser Art zu entgehen, verbarrikadiert sie mit dem Bett die Zellentür, und nachdem sie Stunden später die Tür noch immer nicht geöffnet hat, wird sie durch das Zellenfenster eine Viertelstunde lang mit eiskaltem Wasser bespritzt. Als auch das nichts nutzt, drücken Gefängniswärter die Tür gewaltsam ein. Als dieser Vorfall bekannt wird, reagiert die englische Öffentlichkeit mit Empörung: Eine solche Behandlung von Frauen – zumal aus den oberen Schichten – will man nicht hinnehmen. Von der Regierung wird eine Untersuchung des Falls gefordert. Emily Davison erlangt dadurch große Popularität, die Suffragetten feiern sie als Heldin, Emmeline Pankhurst stellt sie als Vorbild für alle Frauen hin.

Ihren Widerstand setzt Emily Davison in den nächsten Jahren unbeirrt fort, lässt sich immer neue spektakuläre Aktionen einfallen. Aus Protest gegen die englische Klassenjustiz – von der Justiz werden Suffragetten aus der Arbeiterklasse wesentlich härter als ihre bürgerlichen Gesinnungsgenossinnen bestraft – zündet sie einen Briefkasten in der Fleet Street an und beim Eintreffen der Polizei vor deren Augen noch einen zweiten. Obwohl dies mit der WSPU nicht abgesprochen war, gehört das Anzünden von Briefkästen bald zur häufig ausgeübten Praxis der Suffragetten.

Im Februar 1912 muss Emily Davison für ein halbes Jahr wieder ins Gefängnis von Holloway. Die sich immer wiederholende Demütigung der Zwangsernährung, denen sie und ihre Mitgefangenen kaum Widerstand entgegensetzen können, lassen in Emily Davison die Idee

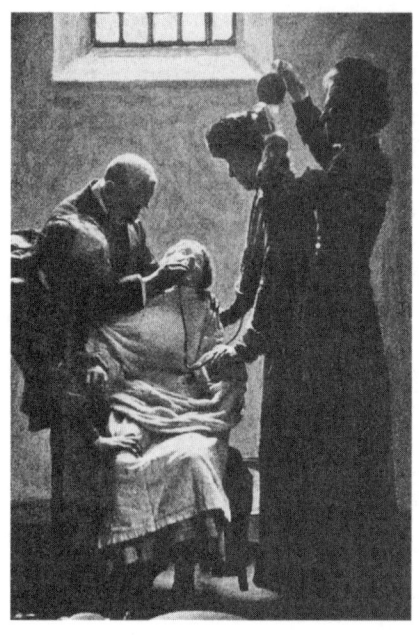

Die Justiz reagierte auf die inhaftierten hungerstreikenden Suffragetten mit gesetzlich verordneter Zwangsernährung, um deren Willen zu brechen und die Bewegung zur Aufgabe zu zwingen.

reifen, ein Fanal zu setzen. Das Sterben einer Suffragette würde die Nation sicher in Aufruhr versetzen, so ihr Gedanke. Zweimal versucht sie in Holloway zu Tode zu kommen, doch gelingt es ihr nicht. Und die wöchentliche Zwangsernährung wird trotz der Verletzungen, die sie sich dabei zugezogen hat, fortgesetzt. Nach ihrer Entlassung muss sie sich in Brighton von den Strapazen erholen, und Ende 1912 hört man wieder von ihr, als sie einen Mann, den sie für den Premierminister hält, mit einer Hundepeitsche traktiert.

Inzwischen völlig mittellos, fährt sie im Mai 1913 zu ihrer Mutter nach Longhorsely. Von dort reist Emily Davison am 4. Juni zum Derby nach Epsom. An diesem Treffpunkt der englischen Upperclass will sie ein Zeichen zu setzen für die Sache der Suffragetten. Mit ihrer spektakulären Aktion auf der Rennbahn, über die sicher auch alle Zeitungen berichten würden, wäre ihr nicht nur die Aufmerksamkeit des Publikums sicher, sondern der Menschen überall in Großbritannien. Ihre Tat sollte sie aufhorchen lassen und ermutigen, den Forderungen der Suffragetten endlich zum Durchbruch zu verhelfen.

Ob Emily Wilding Davison in Epsom tatsächlich sterben wollte, darüber sind sich die Historikerinnen bis heute nicht einig. Ohne Zweifel aber ging sie mit dieser heldenhaften Tat in die Geschichte der Frauenrechtsbewegung ein. Sie war die erste Märtyrerin der englischen Suffragetten, wird Emmeline Pankurst später in ihrer Autobiografie schreiben, eine Frau, die ihr Leben für die Sache gab.

Emily Davison opferte im Kampf der WSPU um das Frauenwahlrecht am 4. Juni 1913 ihr Leben.

EINFÜHRUNG
des Frauenwahlrechts

1906	Finnland
1913	Norwegen
1915	Island, Dänemark
1917	Russland, Estland
1918	Österreich, Deutschland, Polen, Lettland, Luxemburg
1919	Niederlande, Weißrussland, Ukraine, Tschechoslowakei
1920	USA
1921	Schweden, Litauen
1922	Irland
1928	Großbritannien
1931	Spanien
1934	Türkei
1944	Frankreich
1945	Jugoslawien, Ungarn, Bulgarien
1946	Italien, Rumänien, Albanien
1947	Malta
1948	Belgien
1952	Griechenland
1960	Zypern
1962	Monaco
1971	Schweiz
1973	Andorra
1976	Portugal
1984	Liechtenstein

August 26, 1920

DAILY MIRROR

WOMEN WIN
RIGHT TO VOTE IN

SUFFRAGETTE
VICTORY

19th Amendment Ratified!

Quellen

Porträts:

21: Olympe de Gouges; 27: Mary Wollstonecraft; 151: Emmeline Pankhurst: Stefan Bollmann.
33: Elizabeth Cady Stanton und Susan Brownell Anthony; 57: Millicent Garrett Fawcett;
107: Ottilie Baader; 115: Lily Braun 161; Christabel Pankhurst und Sylvia Pankhurst: Eva Römer.
43: Victoria Woodhull; 51: Jane Addams; 87: Gertude Guillaume-Schack; 93: Clara Zetkin;
101: Rosa Luxemburg; 119: Luise Zietz; 141: Helene Stöcker; 147: Anita Augspurg und
Lida Gustava Heymann; 167: Emily Wilding Davison: Antonia Meiners.
61: Helene Lange; 137: Hedwig Dohm: Luise Berg-Ehlers.
67: Gertrud Bäumer: Thomas Bleitner.
71: Marianne Hainisch; 77: Rosa Mayreder: Isabella Lechner.
123: Alexandra Kollontai: Elisabeth Sandmann.

Abdruck von Texten und Textauszügen aus folgenden Quellen:

29: aus: Hannelore Schröder (Hrsg.), *Die Frau ist frei geboren, Texte zur Frauenemanzipation. Bd. I,*
München: C.H. Beck, 1979, S. 55–57, Übersetzung: Romina Schmitter, Dr. Theresia Sauter.

36: aus: Björkman, Frances M., Annie G. Porritt (Hrsg.), *Woman Suffrage History, Arguments, Results.*
New York: National Suffrage Publishing Co., 1917, Übersetzung: Maria Zettner.

38: aus: Hannelore Schröder (Hrsg.), *Die Frau ist frei geboren, Texte zur Frauenemanzipation. Bd. II,*
München: C.H. Beck, 1981, S. 46–49, Übersetzung: Hannelore Schröder.

54: aus: Björkman, Frances M., Annie G. Porritt (Hrsg.), *Woman Suffrage History, Arguments, Results.*
New York: National Suffrage Publishing Co., 1917, Übersetzung: Maria Zettner.

96: aus: Verlag der Sozialistischen Monatshefte, Berlin, 1899.

104: aus: *»Frauenwahlrecht«,* Propagandaschrift zum II. sozialdemokratischen Frauentag, Stuttgart,
12. Mai 1912.

110: aus: Ottilie Baader, *Ein steiniger Weg. Lebenserinnerungen.* Stuttgart: Dietz Verlag, 1921.

111: aus: Marianne Menzzer, *Lohnverhältnisse der Frauenarbeit,* in: »Neue Bahnen«, Nr. 7 / 1882.

139: aus: Hedwig Dohm, *Der Frauen Natur und Recht,* Berlin: Wedekind & Schwieger, 1876, S. 183,
in: Ute Gerhard, *Unerhört. Die Geschichte der deutschen Frauenbewegung.* Reinbek: Rowohlt, 1990,
S. 106.

156: aus: Hannelore Schröder, *Widerspenstige, Rebellinnen, Suffragetten. Feministischer Aufbruch in
England und Deutschland.* Aachen: ein-Fach-Verlag, 2001, S. 66–67, Übersetzung: Hannelore Schröder.

Literatur

Atkinson, Diane, in Zus. mit dem Museum of London (Hrsg.), *The Suffragettes in Pictures*. Strout: The History Press, 1996.

Bab, Bettina, Gisela Notz, Valentine Rothe, Marianne Pitzen (Hrsg.), *Mit Macht zur Wahl. 100 Jahre Frauenwahlrecht in Europa*. Bonn: Frauenmuseum, 2006.

Badia, Gilbert, *Clara Zetkin. Eine neue Biographie*. Berlin: Dietz Verlag, 1994.

Berg-Ehlers, Luise, *Unbeugsame Lehrerinnen. Frauen mit Weitblick*. München: Elisabeth Sandmann Verlag, 2015.

Björkman, Frances M., Annie G. Porritt (Hrsg.), *Woman Suffrage History, Arguments, Results*. New York: National Suffrage Publishing Co., 1917.

Bleitner, Thomas, *Hamburgerinnen, die lesen, sind gefährlich*. München: Elisabeth Sandmann Verlag, 2011.

Bollmann, Stefan, *Frauen, die denken, sind gefährlich und stark*. München: Elisabeth Sandmann Verlag, 2012.

Bollmann, Stefan, *Frauen, die schreiben, leben gefährlich*. München: Elisabeth Sandmann Verlag, 2011.

Dath, Dietmar, *Rosa Luxemburg. Leben, Werk, Wirkung*. Berlin: Suhrkamp, 2010.

Gerhard, Ute, *Unerhört. Die Geschichte der deutschen Frauenbewegung*. Reinbek: Rowohlt, 1990.

Juchacz, Marie, *Sie lebten für eine bessere Welt. Lebensbilder führender Frauen des 19. und 20. Jahrhunderts*. Berlin und Hannover: Dietz Verlag, 1956.

Karl, Michaela, *Die Geschichte der Frauenbewegung*. Stuttgart: Reclam, 2011.

Karl, Michaela, *Wir fordern die Hälfte der Welt. Der Kampf der Suffragetten um das Frauenstimmrecht*. Frankfurt am Main: Fischer Verlag, 2008.

Kleiner, Franziska (Hrsg.): *Luxemburg to go. Revolutionäre Zitate von Rosa Luxemburg*. Berlin: Neues Leben, 2015.

Kollontai, Alexandra, *Ich habe viele Leben gelebt*. Berlin: Dietz Verlag, 1980.

Lechner, Isabella, *Wienerinnen, die lesen, sind gefährlich*. München: Elisabeth Sandmann Verlag, 2012.

Marlow, Joyce (Hrsg.), *Suffragettes. The Fight for Votes for Women*. London: Virago, 2000.

Meiners, Antonia, *Die Stunde der Frauen – zwischen Monarchie, Weltkrieg und Wahlrecht 1913–1919*. München: Elisabeth Sandmann Verlag, 2013.

Pankhurst, E. Sylvia, *The Suffragette. The History of the Women's Militant Suffrage Movement 1905–1910*. London: Gay & Hancock Ltd., 1911.

Pankhurst, Emmeline, *Ein Leben für die Rechte der Frauen*. Göttingen: Steidl Verlag, 1996.

Pankhurst, Emmeline, *My Own Story*. London: Vintage, 2015 [Reprint].

Schirmacher, Käthe, *Die Suffragettes*. Weimar: Duncker Verlag, 1912.

Schröder, Hannelore (Hrsg.), *Die Frau ist frei geboren. Texte zur Frauenemanzipation. Bd. I: 1789–1870*, München: C.H. Beck, 1979.

Schröder, Hannelore (Hrsg.), *Die Frau ist frei geboren. Texte zur Frauenemanzipation. Bd. II: 1870–1918*, München: C.H. Beck, 1981.

Schröder, Hannelore, *Widerspenstige, Rebellinnen, Suffragetten. Feministischer Aufbruch in England und Deutschland*. Aachen: ein-Fach-Verlag, 2001.

Zinovij, Sejnis, *Alexandra Kollontai. Das Leben einer ungewöhnlichen Frau*. Berlin: Verlag Neues Leben, 1984.

Bildnachweis